W0065913

ANSELM GRÜN
CLEMENS BITTLINGER

ZUM GLÜCK
GIBT ES
Wege

BRUNNEN
Verlag GmbH · Giessen

Dr. Anselm Grün ist Benediktinerpater, war lange Jahre Verwaltungsleiter (Cellerar) der Abtei Münsterschwarzach und ist Autor zahlreicher geistlicher Bestseller.
Clemens Bittlinger ist Liedermacher, Buchautor und evangelischer Pfarrer. Er lebt mit seiner Familie im Odenwald.

Die zitierten Bibelworte sind der Lutherbibel und der Einheitsübersetzung entnommen:
Einheitsübersetzung der Heiligen Schrift,
© 1980 Katholische Bibelanstalt Stuttgart;
Lutherbibel, revidierter Text, durchgesehene Ausgabe
in neuer Rechtschreibung,
© 1999 Deutsche Bibelgesellschaft Stuttgart

2. Auflage 2019
© 2016 Brunnen Verlag GmbH, Gießen
Lektorat: Petra Hahn-Lütjen
Umschlaggestaltung: Daniela Sprenger
Umschlagmotiv: Csaba Peterdi/shutterstock
Satz: DTP Brunnen
Druck: GGP Media GmbH, Pößneck
ISBN Buch 978-3-7655-0962-9
ISBN E-Book 978-3-7655-7456-6
www.brunnen-verlag.de

Inhalt

Stimmen zu diesem Buch

„Wie können wir den Weg wissen?", fragt Thomas, genannt „der Zweifler", im Johannesevangelium.

Jesus antwortet: „Ich *bin* der Weg!"

Kein religiöses Pflichtenheft und keine Ideologie sind also der Weg zum Glück, sondern die Gemeinschaft mit Gott, der unterwegs ist. An und in dessen Hand wir vorankommen. Mit uns selbst, mit den anderen, mit den Verhältnissen.

Pater Anselm Grün und Pfarrer Clemens Bittlinger reden und singen überzeugend davon, finde ich.

Andreas Malessa, Hörfunk- und Fernsehjournalist, Theologe, Buchautor und Songtexter

Ein Buch zum Glück!

Ein Buch für den Weg.

Um das Glück aufzuspüren. Auf der eigenen Lebensreise. Mit Gott als sympathischem Begleiter.

Kein Erfolgsbuch, das Glück für machbar hält. Ein behutsames Buch.

Inspiration für alle, die müde sind vom Suchen.

Von zwei Männern, die Glück kennen, vermissen und genießen.

Ein Geschenk. Wie das Glück selbst.

Christina Brudereck, Schriftstellerin und Theologin

Unser heutiger Begriff Glück kommt von „Ge-lükke", einem mittelhochdeutschen Wort für Gelingen, für Gelungenes. Glück ist also kein Geschenk; man kann, man muss etwas dafür tun. Glück entspringt in unseren Entscheidungen und blüht im Gelingen.

Anselm Grün und Clemens Bittlinger ist etwas gelungen: ein interessanter, leicht verständlicher und inspirierender Wegbegleiter für den Weg zu mehr Glück. Mein Tipp:

einfach mal ausprobieren.

Walter Kohl, Autor und Coach

Zum Glück ...
gibt es Wege

Willkommen zu Weg-Geschichten
und -Erzählungen!

Alle Menschen wollen glücklich sein. Das sagte schon vor 1600 Jahren Augustinus.

Bis heute ist die Sehnsucht nach Glück ungebrochen. Es gibt viele Glücksbücher, die uns zeigen wollen, wie wir glücklich werden können. Jedoch: Glück kann man sich nicht kaufen. Glück kann man auch nicht einfach machen.

Aber es gibt

Wege
zum
Glück.

Es gibt innere Wege, die mich dazu führen, mit mir selbst in Einklang zu kommen. Und wenn ich im Einklang bin mit mir, dann fühle ich mich glücklich. Es gibt aber auch Menschen, die mich an die Hand nehmen, um mit mir das Glück des Miteinanders zu erfahren.

Die Wege, die wir gehen, bereiten uns vor, geben uns Zeit, dass wir uns auf das Kommende einstellen können: Eine Schwangerschaft dauert neun Monate. Die Eltern lernen, sich auf das Baby einzustellen und sich vorzubereiten. Menschen, die, z. B. bei einem Lottogewinn, plötzlich und allzu schnell vom Glück übereilt werden, sind oft ganz einfach überfordert und haben nicht gelernt, mit der neuen Situation „umzugehen". Deshalb ist es gut und wichtig, sich dem Glück behutsam zu nähern.

Zum Glück gibt es Wege, die uns herausführen, z. B. aus der Trauer. Wenn wir einen geliebten Menschen verloren haben, brauchen wir eine Weile, um uns neu zu sortieren, wir „durchlaufen" bestimmte Phasen der Trauer, bis wir wieder in der Lage sind aufzuschauen und neuen Mut zu fassen.

Zum Glück gibt es Wege heraus aus der Lethargie – hin zu neuer Lebensfreude, heraus aus der Ängstlichkeit – zu neuem Lebensmut.

Die Bibel ist voller Weggeschichten, die uns an die Hand nehmen und zum Leben ermutigen wollen.

Davon handelt dieses Buch, und wir fragen bei jeder dieser Erzählungen: „Was ist das Spezielle an diesem Weg zum Glück?" Und wo kommt dieses Spezielle in unserem Alltag vor? Denn auch die biblischen Wege zum Glück führen uns nur dann zum Glück, wenn wir sie auch selbst gehen: im eigenen Leben, im eigenen Alltag und in den eigenen Begegnungen.

„Das Glück ist eine Reise, kein Ziel", sagt ein altes Sprichwort der Wüstenväter. Zu dieser Reise wollen wir Sie nun einladen.

Herzlich
Pater Anselm Grün & Clemens Bittlinger

1. Wegweiser:
Höhepunkte

Im Urlaub zieht es viele Menschen in die Berge: einfach losmarschieren und dann von Hütte zu Hütte wandern, weit weg von allem anderen. Und während wir wandern, wird der Kopf freier und freier. Zwischendurch wird immer wieder mal angehalten, wir schauen hinunter ins Tal, trinken frisches Quellwasser und genießen die gute Bergluft. Wie schön ist es, wenn wir dann gegen Spätnachmittag die Hütte erreichen, ausgepowert und doch glücklich! Da schmecken die Brotzeit und das kühle Bier gleich doppelt so gut. Aber ohne den zurückgelegten Weg gäbe es diesen Glücksmoment nicht.

In solchen Momenten sammeln wir innerlich „Farben für den Winter", wir tanken auf, wir atmen kräftig durch und lassen die Bilder auf uns wirken.

Auch Jesus und seine Jünger brauchen diese Zeiten, in denen sie einfach einmal auf Abstand gehen können – weg von den Menschenmassen, weg von den Streitgesprächen mit den Schriftge-

lehrten und dem stetig wachsenden Erwartungs-
druck der Menschen, die ihnen begegnen. Da ist
eine Bergtour genau das Richtige: Jesus und drei
seiner Freunde auf einer kleinen Wanderung. Das
muss ein sehr schönes Erlebnis gewesen sein – endlich Zeit zum Reden, Zeit, um auch persönlichere
Dinge zu besprechen, Zeit auf dem Weg, Gelegenheit dazu, auch Ängste und Fragen zu formulie-
ren. Was für ein Glück, diese Zeit zu haben, diesen
Weg zu gehen und die Gedanken einfach einmal
kommen und gehen zu lassen. Jesus von Nazareth
als Bergführer, das muss man sich einfach einmal
vorstellen!

Jeder, der schon einmal einen Berg erklommen hat,
weiß: Das Gipfelerlebnis ist etwas ganz Besonderes.
Wenn wir dann endlich oben stehen, am Gipfel-
kreuz, und wenn dann auch noch schönes Wetter
und eine klare Sicht herrschen, dann kann einem
das schon einmal den Atem rauben – nichts als
wunderschöne Bergwelt, so weit das Auge reicht.

   Das Gipfelerlebnis, das die drei Jünger Petrus,
Jakobus und Johannes haben, ist allerdings von
ganz besonderer Art. Sie beginnen auf einmal,
„ihren Jesus" in einem völlig neuen Licht zu sehen, und nicht nur das: Sie erkennen auf einmal
den historischen und religiösen Zusammenhang,

in dem ihr Meister zu sehen ist: Jesus wird vor ihren Augen verklärt, sein Gesicht leuchtet hell wie die Sonne, und seine Kleider werden weiß wie das Licht. Und während sie ihn so in einem ganz neuen Licht sehen, wird die „Erscheinung" noch erweitert, und zwar durch zwei herausragende Persönlichkeiten der jüdischen, also ihrer eigenen, Geschichte: Unverkennbar stehen da plötzlich – neben dem verklärten Jesus – Mose und der Prophet Elia (Mt 17,2f.).

Das muss ein unglaublicher Moment gewesen sein – die Jünger stehen da und sehen Mose, den Befreier, den Überbringer der Gesetzestafeln, den, der alles auf eine Karte gesetzt und sein Volk, die Israeliten, aus der Gefangenschaft der Ägypter in das gelobte Land geführt hat. Mose, den Mann, der den Betern im Sinn ist, wann immer das Urbekenntnis des Volkes Israel gesprochen wird: „Der Gott Abrahams und Isaaks, der uns aus Ägyptenland geführt hat!"

Wir können uns kaum vorstellen, wie beglückend diese Vision für einen gläubigen Juden sein muss! Und dazu noch Elia, der wichtigste Prophet nach Mose, der, von dem es heißt, er sei mit einem Feuerwagen direkt in den Himmel aufgenommen worden (2 Kön 2,1-18) – Elia, der Wegbereiter des erwarteten Messias.

Nun stehen diese beiden da, im Gespräch mit ihrem Jesus – was für ein erhabener, historischer Moment. Ein absoluter Höhepunkt im Leben dieser drei Freunde. Kein Wunder also, dass sie diesen Moment gerne festhalten würden.

Heutzutage würde bei so einem Ereignis vermutlich das Smartphone gezückt und der Augenblick mit der Smartcam festgehalten werden. Vielleicht würde er auch gleich über Facebook geteilt ... und dabei wahrscheinlich der wichtigste Teil dieses Ereignisses verpasst werden.

Ich wundere mich immer, wie viele Leute, auch im Urlaub, permanent mit ihrem Smartphone zugange sind. Alles wird sofort digital gespeichert und gepostet: der Strand, das Essen, das Meer, und hier noch ein Selfie und da noch ein Klick und hier noch mal schnell ein Filmchen. Da denke ich manchmal: Leute, die so unterwegs sind, verpassen oft das eigentlich Schöne an solchen Momenten – nämlich die wunderbare Atmosphäre, den lauen Wind, das gemütliche Beisammensein am Tisch, die Entspannung, die sich langsam einstellt, und das Glücksgefühl: Wie schön, dass wir alle mal wieder beisammensitzen und uns aneinander freuen dürfen.

Der eigentliche Höhepunkt, er lässt sich doch

gar nicht festhalten – er lebt doch von eben dem stillen Augenblick, in dem er stattfindet, und diesen Höhepunkt verpasse ich, wenn ich allzu sehr damit beschäftigt bin, ihn irgendwie zu fixieren und zu dokumentieren. Hinzu kommt: Ein Sonnenuntergang durch das kleine Display des Smartphones betrachtet ist längst nicht so eindrucksvoll wie ein Sonnenuntergang, bei dem ich das Ding einfach auslasse und den Moment voll und ganz auf mich wirken lasse. In so einem Moment wird das sogenannte „Smartphone" ganz schnell zu „Stupidphone", denn es hindert mich daran, einfach da zu sein und den Moment zu genießen. Glück kann man nicht festhalten, Glück braucht dieses Innehalten. Zum Glück braucht es stille Momente, stille Wege.

Die Jünger Jesu haben keine Smartphones und auch keine Kameras, aber auch sie wollen diesen wunderbaren Moment doch irgendwie festhalten. So ganz nach dem Motto „Hier gefällt es uns, hier bleiben wir!" macht Petrus einen Vorschlag: „Wollen wir uns hier nicht einfach niederlassen – wir würden auch drei Hütten bauen: eine für dich, eine für Mose und eine für Elia!" Doch der Vorschlag des Petrus geht unter in einem weiteren großartigen Schauspiel. Auf einmal sind sie umgeben von einer großen Wolke und einer Nebelwand, und aus dieser Nebelwand hören sie die Stimme: „Dies ist mein lieber Sohn, an dem ich Wohlgefallen habe, auf ihn sollt ihr hören!" Nicht genug, dass sie Jesus vor wenigen Augenblicken in einem völlig neuen Licht sehen durften – nein, jetzt kommt auch noch die verbale Bestätigung hinzu: Dieser Jesus ist weit mehr als irgendein Mensch oder Wanderprediger, er ist der Sohn Gottes. In ihm begegnet uns auf einzigartige Weise Gott selbst – was für ein unglaublicher Moment, was für ein erschreckendes und gleichzeitig beglückendes Erlebnis, was für ein Höhepunkt, in vielerlei Hinsicht! Aber natürlich sind sie bis ins Mark erschrocken, als sie plötzlich die Stimme des allmächtigen Gottes vernehmen können, das lässt sie regelrecht erstarren.

Ja, es gibt diese Momente, in denen wir erschaudern vor Glück, in denen wir von dem, was gerade passiert, so ergriffen sind, dass wir es kaum wagen, uns zu rühren. Wie die Jünger, die gerade die Autoritäten des Alten Testamentes Mose und Elia vor sich sehen – gewaltige Wortführer, deren Reden und Gedanken absolut wegweisend für einen gläubigen Juden sind. Und nun wird Jesus in diesen Kontext gestellt und besonders herausgehoben durch die Aufforderung: „Auf ihn sollt ihr (nun) hören!" Es wird damit klar: Jesus erfüllt die Botschaft des Alten Testaments, er ist der Messias, der, auf den alle warten.

Diese Erkenntnis, diese Botschaft, das lässt sie starr werden vor Furcht, vor Ehrfurcht.

Aus diesem Moment der Schreckens-und-Glücks-Starre auf dem Berg holt Jesus seine Freunde heraus, indem er sich ihnen ganz zuwendet, sie anrührt und zu ihnen sagt: „Habt keine Angst!"

Das sollen sie hören, das sollen wir hören, das ist eine der Grundbotschaften Jesu: „Du brauchst keine Angst zu haben – ich bin bei dir!"

Und als die Jünger auf dem Berg es wieder wagen aufzublicken, ist diese besondere Szene vorbei … und sie sehen nur noch Jesus.

Nun, es wurden keine Hütten gebaut – nicht für Jesus, nicht für Mose und auch nicht für Elia. Es gibt besondere Momente wie diesen, es gibt diese Glücksmomente, die lassen sich nicht festhalten, und wir tun gut daran, es auch gar nicht zu probieren.

Wären die drei Jünger damit beschäftigt gewesen, auf der Stelle Holz und Steine zu sammeln, um den Bau der Hütten auch konkret umzusetzen – oder auf unsere Zeit heute übertragen: Wären sie damit beschäftigt gewesen, ihre Kameras und Smartphones optimal in Stellung zu bringen, auf Stativen, wohlmöglich noch mit den entsprechend installierten Lichtquellen, um ja diesen wunderbaren Moment festzuhalten –, dann wäre ihnen vielleicht der eigentlich wichtige Augenblick, das Besondere der Situation, durch die Lappen gegangen.

Und das ist etwas Essenzielles. Der eigentlich wichtige Moment in unserem Leben ist der Moment, in dem wir verstehen: Jetzt spricht Gott zu uns.

Und wenn das geschieht, dann haben wir Glück, denn das passiert eher selten, nicht ständig. Aber es geschieht.

Festhalten oder gar auf solch einem Höhepunkt verweilen, das können wir nicht. Wie die Jünger, müssen auch wir zurück vom Besonderen ins Normale. Nach der klaren Gottesbegegnung zurück in trübe Tage mit den vielen offenen Fragen. Nach einem angenehm warmen Urlaub wieder zurück in den in mancher Hinsicht kühleren Alltag. Und der Wechsel geht meistens ziemlich schnell. Es kann schon sein, dass uns bereits am Flughafen die alte Hektikwelt, das Gedränge und Geschubse wieder einholen.

Aber wir werden auch merken: Wir sind nach menschlich oder geistlich besonderen Erlebnissen entspannter und erfüllt von neuen tiefen Glücks-

erfahrungen – und haben damit ein Stück Wegzehrung für die kommenden Wochen und Monate. Wegzehrung für die nächste Wegstrecke.   *CB*

Glück ist …
… wenn wir echte Begegnung erleben

*Es gibt Menschen, die uns guttun. Wenn wir ihnen be-
gegnen, wenn wir mit ihnen sprechen, dann kommen
wir mit uns selbst in Berührung. Dann spüren wir für
einen Augenblick lang ein unbeschreibliches Glück.
Sie berühren unser Herz. Sie bringen uns in Berührung mit der Sehnsucht in uns nach Frieden, nach
Lebendigkeit, nach Übereinstimmung, nach Glück.
Manchmal sind solche Menschen für uns wie ein Engel. Sie kommen im richtigen Augenblick. Sie finden
das Wort, das genau in unsere Situation passt.*

*Wenn wir mit solchen Menschen sprechen, dann
wird uns auf einmal alles klar. Das Wirre und Trübe klärt sich. Und wenn wir uns gerade noch allein
gefühlt haben, so spüren wir jetzt eine innere Verbindung. Wir sind nicht allein. Der Engel, der uns anspricht, führt uns tiefer in den Grund unserer Seele, in
dem wir all-eins sind, eins mit uns selbst, eins mit allen
Menschen, eins mit der Schöpfung, eins mit Gott. AG*

2. Wegweiser:

Segen

Abraham war glücklich an seinem Wohnort Haran. Er hatte sich gut eingerichtet, mit seiner Frau Sarai, mit seinen Knechten und seinen Viehherden. Doch mitten aus seinem Glück ruft ihn Gott heraus: „Zieh weg aus deinem Land, von deiner Verwandtschaft und aus deinem Vaterhaus in das Land, das ich dir zeigen werde" (Gen 12,1). Abraham musste alles verlassen, um sich auf den Weg Gottes zu machen. Doch Gott verheißt dem Abraham, dass er ihn segnen werde und dass er selbst ein Segen sein soll. Die Zukunft des Abraham besteht nicht darin, dass er sich wohlfühlt, sondern dass er ein Segen wird für andere Menschen. Das ist eine neue Form des Glücks. Es geht nicht mehr um das, was ich selbst empfange, sondern um das, was von mir ausgeht. Und es gibt kaum ein größeres Glück, als Segen sein zu dürfen für andere. Manchmal sagen wir zu einem Menschen: „Du bist ein Segen für mich." Aber wir trauen uns kaum zu sagen: „Ich bin ein Segen." Die Geschichte Abrahams will uns einen Weg zeigen, wie wir selbst ein

Segen sein dürfen für andere. Es geht nicht darum, dass wir viel leisten, sondern dass wir wie Abraham ausziehen.

Abraham ist für Paulus das Urbild des Glaubens. Glauben heißt: ausziehen und sich auf den Weg machen, den Gott mir zeigt. Die frühen Mönche haben den dreifachen Auszug – aus dem Land, aus der Verwandtschaft und aus dem Vaterhaus – so verstanden:

Wir sollen ausziehen aus allem, was uns festhält: aus unseren Gewohnheiten, von denen wir abhängig sind, von den Menschen, die uns festhalten und uns daran hindern, unseren eigenen Weg zu gehen, aus Bindungen, die uns unfrei machen.

Wir sollen ferner ausziehen aus den Gefühlen der Vergangenheit. Es gibt manche Menschen, die schwärmen immer nur von der Vergangenheit. Da war ihr Leben noch in Ordnung. Da war alles wunderbar. Doch sie leben dann nicht in der Gegenwart. Andere kreisen immer nur um die negativen Gefühle, die sie mit ihrer Kindheit verbinden, um die Verletzungen und Entwertungen, die sie erfahren. Auch daraus sollen wir ausziehen, damit wir jetzt in der Gegenwart unseren Weg gehen und uns auf das einlassen, was uns auf dem Weg hier und heute begegnet.

Und der dritte Auszug besteht darin, dass wir aus allem Sichtbaren ausziehen. Das Sichtbare ist nicht alles. Unser Weg zielt auf das Unsichtbare. Novalis hat das in dem schönen Wort ausgedrückt: „Wohin denn gehen wir? Immer nach Hause." Wir gehen letztlich immer auf Gott hin, immer auf eine letzte Heimat hin. Paulus drückt das so aus: „Unsere Heimat ist im Himmel" (Phil 3,20).

Die jüdische Tradition hat den dreifachen Auszug Abrahams so verstanden: Du sollst ausziehen aus den Trübungen, die dir dein Vater bereitet hat, aus den Trübungen, die dir die Mutter bereitet hat, und aus den Trübungen, die du dir selbst bereitet hast. Doch wie sollen wir das verstehen? Der Vater sieht in seinem Sohn oft nicht diesen einmaligen Sohn, den Gott ihm geschenkt hat, sondern er projiziert seine eigenen Lebensträume in den Sohn hinein. Der Sohn soll das studieren, was der Vater nicht studieren konnte. Er soll all die unerfüllten Träume des Vaters leben. Oder aber der Vater sieht in dem Sohn all das Negative, das er selbst in seiner Seele verdrängt hat. Der Sohn wird dann entweder zum Traumfänger, der die Träume des Vaters leben soll, oder aber zum Sündenbock, der all das Böse, das der Vater verdrängt hat, verkörpert. Beide Sichtweisen trüben das Selbstbild des Sohnes. Der Sohn weiß gar nicht, wer er eigentlich ist.

Wir sollen ausziehen aus den Trübungen, die die Mutter uns bereitet hat. Auch die Mutter sieht im Sohn oder in der Tochter nicht dieses einmalige Kind, sondern sie trübt das Selbstbild ihrer Kinder durch ihre eigenen Schattenseiten, die ihren Blick verdunkeln. Eine Frau erzählte mir, dass sie als Kind eine Schwester hatte, die ihre Verwandten für hübscher hielten als sie selbst. Jetzt wurde sie Mutter einer schönen Tochter. Doch sie konnte sich gar nicht darüber freuen, sondern sah in der Tochter immer die Rivalin. Wir kennen dieses Motiv ja vom Märchen „Schneewittchen". Die Stiefmutter sieht in der schönen Tochter nur eine Rivalin. Die Tochter weiß gar nicht, was mit ihr geschieht. Ihr Selbstbild wird getrübt. Oder wenn die Mutter sich als Frau nicht annehmen kann, trübt sie das Selbstbild der Tochter als Frau. Von solchen Trübungen sollen wir ausziehen, damit wir das einmalige Bild leben, das Gott sich von uns gemacht hat.

Wir sollen drittens ausziehen aus den Trübungen, die wir uns selbst bereitet haben. Wir sehen uns selbst auch nicht so, wie Gott uns sieht. Gott hat sich von jedem von uns ein einmaliges Bild gemacht.

Aber wir haben oft Bilder der Selbstüberschätzung oder der Selbstentwertung. Wir denken entweder: Ich muss immer perfekt sein, cool sein, erfolgreich sein, alles im Griff haben. Oder aber: Ich bin nicht richtig. Keiner kann es mit mir aushalten. Keiner mag mich. Solche Selbstbilder trüben das einmalige Bild Gottes in mir. Daniel Hell, ein Schweizer Psychiater, meint, dass die Depressionen oft ein Hilfeschrei der Seele gegen Bilder der Selbstüberschätzung sind. Sie zeigen uns an, wo wir uns unrealistisch einschätzen. Nur wenn wir frei werden von den Trübungen, werden wir glücklich sein, dann werden wir ganz wir selbst sein.

Und wenn wir ganz wir selbst sind, wenn wir ausgezogen sind aus allen Bildern, die unser wahres Sein trüben, wenn wir immer mehr hineingehen in die einmalige Gestalt, die Gott uns zugedacht hat, dann werden wir ein Segen für andere sein. Wir müssen nicht etwas Besonderes leisten. Wir sollen nur wir selbst sein. Dann dürfen wir immer wieder dankbar erkennen: Ja, ich bin ein Segen. Und wenn ich ein Segen bin für andere, dann bin ich glücklich. Ich kann nicht angeben mit diesem Wort: „Ich bin ein Segen." Ich kann es nur in aller Demut bekennen. Trotz meiner Fehler und Schwächen darf ich ein Segen sein. Darin besteht für mich das größte Glück, dass ich als dieser durchschnittliche, fehlerhafte, aber doch einmalige Mensch für andere ein Segen sein darf, nicht in erster Linie, indem ich ein besonderes Werk vollbringe, sondern einfach durch die Tatsache, dass ich ganz ich selber bin, dass in mir das einmalige und unverfälschte Bild Gottes aufleuchtet und für die andern zum Segen wird. *AG*

Glück ist ...
... wenn das Leben „aufblüht"

*Das deutsche Wort „Glück" hat mit Gelingen zu tun.
Wenn das Leben gelingt, fühlen wir uns glücklich.
Und wenn unser Leben fließt und aufblüht, spüren
wir Glück.*

*Das biblische Bild für das Aufblühen unseres Lebens
ist der Segen. Gott segnet den Abraham, dass er Segen
wird für die Menschen (vgl. Gen 12, 1ff.). Glück ist
nicht etwas, was wir für uns behalten könnten. Glücklich sind wir, wenn unser Leben fließt, wenn wir selbst
erfahren dürfen: Jetzt, in diesem Augenblick, darf
oder durfte ich ein Segen sein für diesen Menschen.
Ja, Gott hat mich selbst dazu erwählt, für andere zum
Segen zu werden. Segen ist Fruchtbarkeit. Wenn ich
zum Segen werde für andere, dann habe ich das Gefühl: Der andere ist von Gottes Segen eingehüllt wie
von einem schützenden und wärmenden Mantel. Und
Gottes Segen durchdringt diesen Menschen, bringt ihn
in Berührung mit all den Fähigkeiten, die in seiner
Seele vorhanden sind, und Gottes Segen bringt sein
Leben zur Blüte. Es trägt Frucht für andere. Wenn
ein Mensch spürt, dass er Segen wird für andere, fühlt
er sich glücklich. Es ist ein Glück, das sich andern mitteilt, nicht ein Glück, das wir egoistisch für uns behalten wollen. Glück will sich mitteilen, so, wie Segen*

ausströmen will. Der gesegnete Mensch, der selbst zum Segen für andere wird, ist glücklich und eine Quelle des Glücks für andere. AG

3. Wegweiser:
Krisen

Stellen Sie sich vor, Sie müssten jeden Tag zwölf Stunden härteste Arbeit verrichten. Stellen Sie sich vor, es gäbe keinen Urlaub, keine Altersvorsorge und keine Krankenversicherung. Das, was Sie verdienen, reicht gerade mal, um in der spärlichen Unterkunft, die Ihnen zugewiesen wurde, nicht zu verhungern. Sie haben eine Frau und sechs Kinder, davon sind zwei so kränklich, dass Sie nicht wissen, ob sie im nächsten Monat, im nächsten Jahr noch leben werden. „Nächstes Jahr", so weit wagen Sie gar nicht zu denken. Ihr Leben ist ein täglicher Überlebenskampf, sie leben buchstäblich von der Hand in den Mund, da ist kein Spielraum. Und dieses Überleben funktioniert nur, weil alle, wirklich alle, auch die Großeltern und die Kinder, mithelfen und mit anpacken. Wenn Sie sich das vorstellen können, bekommen Sie eine leise Ahnung davon, was es früher hieß, Leibeigener zu sein.

Leibeigene, Menschen, deren Leben wie Ware gehandelt wird, die keinen eigenen Besitz, keine eigenen Rechte besitzen, das sind die Israeliten vor rund dreitausend Jahren in Ägypten. Sie sind Gefangene und Sklaven des Pharao, und unter der Knute seiner Schergen werden sie brutal ausgebeutet.

Wer sieht dieses Elend? Wer spürt die Peitschenhiebe der Sklaventreiber? Wen berührt das Weinen der Kinder, wenn sie am Abend vor Hunger nicht einschlafen können? Wer hört die stummen Klagen der Alten, wenn sie hinaus in die Nacht schauen? Wer kennt das stille Sehnen all derer, die ihre Träume noch nicht ganz aufgegeben haben? Wer sieht das Leid? Wer neigt sein Ohr und hört? Und wer erkennt das Elend?

Zu Beginn des 2. Buches Mose, im Alten Testament, wird uns berichtet, wie Gott dem Hirten Mose in einem brennenden Dornbusch erscheint und Folgendes mitteilt: „Ich hab das Elend meines Volkes in Ägypten gesehen und ihr Geschrei über ihre Bedränger gehört, ich habe ihre Leiden erkannt!" (Ex 3,7).

Sein Glück zu finden – das ist mitunter ein langer Prozess. Glück „geschieht" in der Regel nicht einfach so, von einem Moment auf den anderen. Dieser Prozess, das eigene Glück zu finden, beginnt – bewusst oder unbewusst – mit einer Art Bestandsaufnahme. Mit einer Analyse meiner momentanen Situation: Warum geht es mir, wie es mir geht?

Was bedrängt mich? Was engt mich ein?

Was versklavt mich? Was sorgt dafür, dass ich unzufrieden bin?

Woraus ist das Netz, in dem ich gefangen bin, gewebt?

Das will ich mir anschauen, und dafür brauche ich Zeit. Denn manches, was uns beengt, erkennen wir ja gar nicht auf den ersten Blick. Es kann sein, dass mich meine Arbeit nicht befriedigt. Es kann sein, dass ich zu wenig Zeit für mich selbst habe. Es kann sein, dass ich finanziell nicht klarkomme. Wenn ich will, dass sich etwas ändert, muss ich einen zweiten Blick darauf werfen.

Und das geht nicht immer allein. Vier Augen sehen mehr als zwei, und sechs Augen sehen mehr als vier. Es ist gut, wenn ich andere zurate ziehe und wir gemeinsam hinschauen. Und wenn wir miteinander ins Gespräch kommen, dann ist es wichtig, zu hören, erst einmal einfach nur zuzuhören – und nicht gleich wieder zu beschwichtigen: „Na ja, so schlimm ist es ja nun auch wieder nicht! Anderen geht es ja noch viel schlechter!"

Das stimmt mit Sicherheit. Aber wenn ich mich auf den Weg zu meinem Glück machen möchte, muss ich bereit sein, aufzubrechen und neue Ziele zu entdecken. Durch genaues Hinhören in so einem Gespräch kann ich ganz viel lernen über mich: Wie gehe ich sprachlich mit anderen um? Warum bin ich plötzlich aggressiv? Warum kann ich so schlecht zuhören? Wo entdecke ich in meinem Reden und Klagen meine eigene Sehnsucht?

Aus dem genauen Hinsehen und aus dem sensiblen Zuhören im ehrlichen Gespräch mit Freunden wächst dann oft die Erkenntnis, warum ich leide, warum ich nicht glücklich bin.

Die Stimme aus dem brennenden Dornbusch sagte: „Ich habe gesehen, gehört und Leiden erkannt!"

Sehen – Hören – Leiden erkennen. Das ist der Beginn eines jeden Weges der Veränderung zum Glücklicheren.

Aufgrund dieser Bestandsaufnahme wird Mose von Gott beauftragt, zum Pharao zu gehen und die Freilassung des Volkes Israel aus der Sklaverei zu fordern. Gott weckt in ihm die Vision von einem Land, „in dem Milch und Honig fließt". Dieses Land soll er den Hebräern vor Augen malen und in ihnen den Wunsch wecken aufzubrechen.

Jemand hat einmal gesagt: „Willst du andere dafür gewinnen, ein Schiff zu bauen, dann wecke in ihnen die Sehnsucht nach dem Meer!" In diesem Fall soll Mose die Sehnsucht nach Freiheit, nach eigenem Besitz, einem eigenen Land und Wohlstand wecken, um das Volk so bereit zu machen, die Gefahren und Widrigkeiten einer eventuell langen Flucht auf sich zu nehmen.

Wie sieht sie denn aus – meine Vision von einem Land, „in dem Milch und Honig fließt"? Welches Leben erträume ich mir? Wofür wäre ich bereit, alles stehen und liegen zu lassen und ganz neu aufzubrechen?

Und was gibt es zu bedenken?

In jedem Fall gilt: Ohne klare und gründliche Bestandsaufnahme kann ein Traum ganz schnell zu einem Albtraum werden: Wie viele Männer haben sich in ihrer Midlife-Krise komplett überschätzt und sind dem Wahn verfallen, sie könnten sich selbst und ihr Leben um zwanzig Jahre zurückdrehen, indem sie aus einer alten Beziehung ausbrechen und mit einer mindestens zwanzig Jahre jüngeren Frau noch einmal „ganz von vorne" beginnen. Solche Aufbrüche „zu neuen Ufern" stehen in der Regel unter keinem guten Stern, denn erstens nehme ich ja mindestens fünfzig Prozent meiner alten Beziehung – nämlich mich selbst – mit in die neue. Zum Zweiten geht solchen Aufbrüchen eher selten eine gründliche Bestandsaufnahme voraus, die auch sieht, hört und erkennt, wo in mir selbst die Fallen und Stricke liegen, die mich unzufrieden und unglücklich machen.

Immer wieder kann man im Fernsehen Reportagen oder Sendungen wie „Nichts wie weg!" sehen, bei denen von Menschen berichtet wird, die in der alten Heimat alle Zelte abbrechen und auswandern. Meistens enden diese „Ausflüge" im Chaos. Sie enden im Chaos, weil die Bestandsaufnahme nicht realistisch war oder gar nicht gemacht wurde. Weil man den Grund für das bisherige Scheitern (den Auslöser für den Ausflug) vielleicht ausgeblendet hat. Oder weil der Aufbruch unvorbereitet war, aus einem eher diffusen Gefühl von Unzufriedenheit und dem Wunsch nach Abenteuer heraus. Da ist diese Sehnsucht nach Exotik, Sonne und Meer. Da ist dieser alte Traum vom Aussteigen. Und dann machen die, die träumen, mal Urlaub auf Teneriffa und lernen Leute kennen, die schon vor dreißig Jahren ausgewandert sind. Diese Leute sind nett und sie erzählen und wecken den Wunsch, es selbst auszuprobieren. Dann kommen noch Sprüche wie „no risk, no fun" dazu … und die Entscheidung zum Ausstieg fällt. Aber oft ist das kein wirklich durchdachter Aufbruch, sondern eine Flucht.

Da die meisten von uns gar nicht so grundsätzlich auf der Suche nach einem neuen oder anderen Lebensentwurf sind, hat sich mittlerweile ein ganz eigener Glücks- und Abenteuermarkt entwickelt. Spezielle Agenturen bieten gewissermaßen in allen Bereichen des Lebens sogenannte Glücksmomente an, die man käuflich erwerben und dann auch verschenken kann, und zwar in Form eines Mini-Urlaubs. Einigen reicht das. Einige können sich das auch leisten. Aber macht es mich wirklich grundlegend glücklicher, wenn ich für rund dreihundert Euro mal für zwei Stunden einen Ferrari auf Hochtouren bringen kann? Macht es mich dauerhaft glücklicher, wenn ich einen Kochevent mit anderen geschenkt bekomme … wenn ich danach aber nicht beginne, mein Leben so umzustellen, dass ich tatsächlich die Zeit finde, selbst fantasievoll zu kochen?

Anregungen zum Glück kann ich mir bei solchen inszenierten Events vielleicht holen – der Weg zum eigenen Glück ist jedoch immer wie eine Entdeckungsreise. Und die kann, die muss ich selbst machen, die kann ich nicht abkürzen und auch nicht kaufen.

Der biblische Bericht vom Auszug des Volkes Israel aus der ägyptischen Gefangenschaft beschreibt diesen Prozess ziemlich detailliert. Spannend! Mose wird von Gott beauftragt, sein Volk für den Auszug aus Ägypten zu gewinnen und den Pharao davon zu überzeugen, dass er seine hebräischen Sklaven ziehen lässt. Das ist zumindest der Plan Gottes.

Indes, Mose gefällt dieser Plan nicht. Er traut sich das Ganze nicht zu, und es bedarf einer längeren Diskussion, bis er schließlich widerstrebend dem Auftrag Gottes folgt.

Dieses Widerstreben ist Teil des Prozesses, der hier beschrieben wird: Nach langem Hin und Her ist das Volk Israel bereit aufzubrechen. Nach langem Hin und Her und erst, nachdem diverse Plagen über das Land hereingebrochen sind, ist auch der Pharao bereit, Mose und die Seinen ziehen zu lassen.

Doch als sie sich dann endlich aufmachen, überlegt der ägyptische Herrscher es sich wieder anders und will sie mit Gewalt zurückholen. Die Hebräer fliehen durch das Rote Meer, das ägyptische Heer wird bestraft und vernichtet. Und dann kommt eine lange Wüstenwanderung, eine Zeit der unmittelbaren Nähe Gottes, aber auch eine Zeit des Zweifelns. Das sind Krisenzeiten, in denen „das Alte", das Leben in der Sklaverei, einem auf einmal gar nicht mehr so schlecht erscheint. „Hätten wir geahnt, dass es so mühsam wird, dann wären wir wohl doch nicht aufgebrochen …" Solche und andere Klagen muss sich Mose bei diesem langen Auszug immer wieder anhören.

Übertragen auf mich, auf meinen Weg: Wenn ich nun, aufgrund dessen, was ich gesehen und gehört habe, mein Elend erkannt und mich auf den Weg zu meinem Glück gemacht habe, dann ist es gut zu wissen: Auch ich werde solche Wüstenzeiten durchleben. Es gehört dazu, Krisen zu durchleiden, die diesen neuen Weg infrage stellen. Es wird Momente geben, in denen ich beschwichtigend sage: „Eigentlich war doch alles gut, so, wie es war!" Es wird Momente geben, in denen mich vielleicht andere fragen: „Und, bist du jetzt zufriedener?" Es wird immer wieder Momente geben, die mir suggerieren: „Es wäre besser gewesen, alles beim Alten zu belassen!"

Wie gut ist es dann, wenn meine damalige Bestandsaufnahme so gründlich war, dass ich sie jederzeit hervorholen kann und es bestätigt finde: Es war gut und notwendig aufzubrechen.

Der Exodusbericht der Bibel beschreibt übrigens auch, dass sich diese Zeit der Krise, diese Wüstenzeit, gleichzeitig als die Zeit der innigsten Verbindung zwischen Gott und seinem Volk erwies. Und auch das kann ich heute erfahren: dass ich meinen Weg nicht alleine gehen muss. Dass ich meine Fragen, Zweifel und Nöte in Gottes Hände legen darf. Auf diese Weise wird mein Weg zum Glück immer auch ein Weg zu einer tieferen Beziehung zu Gott. *CB*

Glück ist ...

... dankbar zu sein

Ein Weg zum Glück ist die Dankbarkeit. Bruder David Steindl-Rast, ein österreichischer Benediktiner, der lange in Amerika im Kloster lebte und die Dankbarkeit als sein zentrales Lebensthema behandelt, schreibt einmal: „Ich bin nicht dankbar, weil ich glücklich bin. Ich bin vielmehr glücklich, weil ich dankbar bin." Der englische Schriftsteller Gilbert Keith Chesterton sieht es ähnlich: „Der Prüfstein allen Glückes ist die Dankbarkeit." Ohne Dankbarkeit kann niemand wirklich glücklich sein. Das deutsche Wort „danken" kommt von „denken". Wer richtig über sein Leben nachdenkt, ist auch dankbar. Undankbare Menschen sind immer unangenehme Menschen. Ihnen kann man nie eine Freude machen. Und einem anderen Freude zu machen ist eine wichtige Voraussetzung, sich glücklich zu fühlen. Sowohl der, der Freude macht, als auch der, dem man Freude macht, fühlt sich glücklich. Zur Dankbarkeit gehört die Achtsamkeit. Ich achte auf die kleinen Freuden des Alltags. Ich achte auf die Wunder, die mir ständig begegnen, auf das Wunder einer aufblühenden Blume, auf das Wunder einer Begegnung, auf das Wunder des Sonnenaufgangs, auf das Wunder, dass ich gesund aufstehen kann. Wer achtsam in jedem Augenblick ist, dem wird der Augenblick zu einer Quelle des Glücks. AG

4. Wegweiser:
Freude

Da sitzen sie nun, in Ketten gelegt, im Hochsicherheitstrakt eines Gefängnisses. Dabei haben sie nichts anderes getan, als die befreiende Botschaft Jesu zu verkündigen. Wie fast überall in diesen Zeiten, sind auch diesmal Menschen zum Glauben gekommen. Eine prominente Wahrsagerin ist von dem Zeugnis der beiden so überwältigt, dass sie fortan nichts sehnlicher will, als zu diesem Jesus zu gehören. Doch da gibt es ein Problem: Jesus nachfolgen und wahrsagen, das passt nicht zusammen – das funktioniert schlicht und ergreifend nicht. Also ist es, nachdem sie sich dafür entschieden hat, Jesus nachzufolgen, vorbei mit der Wahrsagerei. Nun gibt es aber Geschäftsleute, die mit ihrer besonderen Gabe gute Geschäfte gemacht haben und die sich nun um ihre Einnahmequelle betrogen sehen. Und diese Leute haben Paulus und Silas angezeigt und dafür gesorgt, dass sie nun im Gefängnis sitzen – bei Geld hört eben seit jeher der Spaß auf.

Wenn ich mir vorstelle, mir würde das passieren – da wäre ich ziemlich wütend auf diese Leute, auf den Staat und auf Gott. Ich würde wohl dasitzen, mich selbst bemitleiden, lamentieren und grübeln. Ich würde versuchen, einen Ausweg aus dieser Situation zu finden. Wahrscheinlich sind Paulus und Silas auch wütend, aber sie geben ihrer Wut keinen Raum. Im Gegenteil, sie tun etwas scheinbar Absurdes: Sie fangen an, Gott zu loben. Sie vertrauen auf die Zusagen der alten Gesänge: „Du verwandelst meine Trauer in Freude."

Sie stimmen sich ein auf die Gegenwart Gottes, und anstatt zu jammern und sich zu beklagen, tun sie etwas wirklich Erstaunliches: Sie singen Gott Loblieder. Sie danken Gott. Sie wissen: Bei ihm sind wir nicht vergessen. Und das wollen wir nicht vergessen. Dessen wollen wir uns vergewissern – auch und gerade in dieser schwierigen Situation.

Sie richten ihren Blick auf Gott – nicht auf ihre Not (Apg 16).

Nun sind wir Deutschen ja eher ein Volk von Nörglern. Selten sind wir wirklich zufrieden. Entweder ist es zu kalt oder zu nass, zu heiß oder zu trocken – irgendwas ist immer. Und weil wir morgens aus den Fenster schauen und innerlich schon sagen: „Das wird wieder ein trüber Tag", bekommen wir auch einen trüben Tag. Wir kriegen meistens das, was wir erwarten, oder das, was wir für uns selbst prophezeien.

Die Erzählung von Paulus und Silas zeigt uns einen anderen Weg. Sie zeigt uns, dass wir durch unsere Haltung unsere Situation nicht nur negativ bestimmen, sondern auch positiv beeinflussen können. Denn als die zwei sich an Gott wenden und anfangen, ihre missliche Lage zu akzeptieren, statt zu bejammern, und ein Loblied auf seine Gegenwart in dieser Situation anstimmen, passieren bei ihnen drei Dinge gleichzeitig.

Erstens: Die Grundmauern des Gefängnisses werden erschüttert.

Zweitens: Die Türen springen auf und

drittens: Die Fesseln fallen ab.

Das kann ich auch gut auf meinen Alltag übertragen: Wenn ich aufhöre, zu jammern, dass ich morgens zur Arbeit gehen muss, und stattdessen positiv gestimmt den Tag beginne – eben weil ich mir Gottes Gegenwart gewiss sein kann –, dann wird das meinen Tag grundlegend verändern.

Wenn ich mir bewusst mache, dass ich diese Arbeit tun will, um das Geld zu verdienen, das ich brauche, um so zu leben, wie ich leben möchte, habe ich schon mal einen guten Grund, positiv gestimmt zu sein. Damit wird dann auch gleich die erste Grundmauer erschüttert, nämlich die Tatsache, dass meine Arbeit vielleicht gerade keinen Spaß macht und ich zur Arbeit gehen muss, um nicht zu verhungern. Wenn ich sage: „Ich will zur Arbeit gehen und ich freue mich, dass ich so leben kann, wie ich lebe", werden das auch meine Kolleginnen und Kollegen merken. Sie werden feststellen, dass ich offener bin, nicht mehr so verschlossen – die Türen springen auf, nicht nur meine inneren Türen, weil ich nicht mehr dichtmache, sondern auch die anderen werden mir offener begegnen können.

Diese Beobachtung können Sie im Grunde in jedem längeren Gespräch machen: In dem Moment, in dem Sie beginnen, sich zu öffnen und auch etwas von sich selbst preiszugeben, werden Sie merken, dass auch Ihr Gegenüber sich öffnen wird.

Und schließlich, wenn ich aufhöre, wie ein Gefangener durch die Gegend zu laufen, wenn ich versuche, mich fröhlicher und freier auf den Tag einzustimmen, dann werde ich merken, wie meine Fesseln abfallen, ich werde auch merken, dass die Fesseln von anderen abfallen, denn durch meine Befangenheit waren auch sie befangen, nicht mehr so frei und offen in der Begegnung mit mir.

Bei einem Sommerurlaub auf Kreta beobachtete ich einmal morgens um zehn Uhr beim Frühstück eine entzückende junge Familie, die da am Nachbartisch saß. Die Mutter und die zwei kleinen Kinder verhielten sich betont ruhig – und wirkten ziemlich angespannt. Der Vater saß da – wohlgemerkt: am Frühstückstisch – mit aufgeklapptem Laptop und aktivem Blackberry und war hoch konzentriert. Kein Blick für die Familie. Keine Spur von Entspannung oder Erholung. Ich wäre am liebsten an den Nachbartisch gegangen, hätte seinen Bürokram gepackt und in den Pool geworfen und ihn wachgerüttelt: „Sag mal, merkst du eigentlich gar nicht, dass du in deiner Angst, etwas in deinem Job zu verpassen, die wichtigsten Momente mit deiner wunderbaren Familie verpasst?" Mit seiner elektronischen Fußfessel, dem Blackberry, und seinem ach so wichtigen E-Mail-Gechecke hatte er seine Familie gefangen genommen – und so saßen sie auch da, wie Gefangene. Sie kuschten vor dem strengen, angestrengten, gefangenen Papa und Ehemann. Wie schnell hätte sich diese Atmosphäre verändert, wenn der Mann sie nicht angeblafft, sondern seine Sachen weggepackt und Frau und Kinder entspannt und offen angeschaut hätte: „Ach, wie ist es schön, dass wir Zeit füreinander haben – jetzt machen wir Urlaub, ihr seid mit viel wichtiger als alles, was vielleicht noch zu erledigen wäre." Die Grundmauern, dass der Papa nie Zeit hat und man ihn auf keinen Fall stören darf, weil er ja „unser" Geld verdienen muss, wären erschüttert worden, die Gesichter hätten sich entspannt und die Arme sich geöffnet und die Fesseln wären von allen abgefallen – Erleichterung, Gott sei Dank, jetzt ist Urlaub!

Die normale Reaktion von Gefangenen ist klar: Sobald die Türen aufgehen und die Fesseln nicht mehr da sind, gilt es, Fersengeld zu geben und abzuhauen. Kein normaler Gefangener bleibt sitzen und wartet darauf, ob vielleicht jemand kommt und die Türen wieder repariert und die Ketten instand setzt. Doch genau so geht der Bericht von Paulus und Silas weiter. Als der Gefängniswärter mitbekommt, dass das Gefängnis offensichtlich zerstört ist, kann er gar nichts anderes denken als: „Die Gefangenen sind alle weg. Und ich hafte mit meinem Leben für sie." Deshalb sieht er für sich keinen Sinn mehr und will sich das Leben nehmen. Paulus muss das ahnen, denn er ruft: „Tu dir nichts an – wir sind alle noch hier!" Eine wirklich ungewöhnliche Situation, aber Paulus und Silas wissen wohl, dass es neben den vielen Türen, die jetzt auf einmal offen stehen, noch eine viel wichtigere Tür gibt, die aufspringen soll, und zwar die Tür zum Herzen des Gefängniswärters. Denn als der mitbekommt, dass die Gefangenen alle noch da sind, fällt er zitternd auf die Knie und ruft: „Was muss ich, was kann ich tun, um gerettet zu werden?" Er spürt: Diese beiden haben eine Freiheit, von der er nur träumen kann. Eine Freiheit, die sich nicht durch Mauern, Türen und Fesseln einengen lässt, sondern die einfach da ist: eine große, innere Freiheit – ... und wenn es ein wahres Leben gibt, wenn es wahres Glück gibt, dann kann es nur aus solch einer Freiheit erwachsen. Das erkennt er in diesem Moment, in dem die Mauern wackeln.

Apropos Mauern: Jahr für Jahr gehen in unserem Land Hunderttausende von Ehen und Beziehungen in die Brüche. Zwei, die sich ursprünglich mal zusammengetan haben, weil sie den Eindruck hatten: „Wir tun einander gut!", haben sich auseinandergelebt, haben es verlernt, miteinander zu reden, und nach und nach hat sich die Liebe verabschiedet und man lebt bestenfalls noch wie „Brüderchen und Schwesterchen" zusammen. Die Routine des Alltags ließ Mauern entstehen, die aus Klischees und Vorurteilen gewachsen sind: „Nie hilfst du im Haushalt!", sagt sie. „Immer geht beim Sex alles von mir aus!", sagt er. Die Wörter „nie" und „immer" zementieren dabei die Grundmauern, wir schotten uns ab, die Türen sind verschlossen, und zwei, die einmal ein Paar waren, leben wie Gefangene beieinander.

Würden wir in solch einer Situation – wie der Beamte im Gefängnis – wirklich aus ganzem Herzen fragen: „Was können wir tun, damit unsere Ehe, unsere Beziehung gerettet wird?", würde sich schon ganz viel verändern. In dem Moment, in dem wir beginnen – vielleicht mithilfe eines Beraters oder Therapeuten – unseren Partner wieder in den Blick zu bekommen und ihn als Gegenüber zu bejahen, werden wir feststellen, dass wir aus der Sackgasse herauskommen können und wieder auf dem Weg zu einem glücklicheren Leben sind.

„Ich bin reif für die Insel", stöhnen wir manchmal … und meinen: Da, wo wir sind, wollen wir weg, wollen wir gerade nicht sein – auf den ersten Blick.

Auf den zweiten Blick wollen jedoch die meisten von uns aber wohl doch genau dort sein, wo sie sind, innerlich wie äußerlich. Sonst würden sie überlegen, wie etwas anders werden kann, oder?

Wenn Sie merken: Sie wollen, dass etwas besser wird, Sie brauchen eine Veränderung – dann können Sie sich auf den Weg machen. Genau darum geht es. Und es ist gar nicht so schwierig.

Der erste Schritt: Überlegen Sie einmal, was sich ändern müsste, wenn Sie „reif für die Insel" sind: Was könnte wie besser werden? Welche Beziehungen müssten Sie aufgeben? Welche Menschen müssten Sie enttäuschen? Und welche Sicherheiten müssten Sie verlassen, um grundlegend „woanders" zu leben?

Wollen Sie das tatsächlich? – Die ehrliche Antwort lautet in der Regel: „Ach ... nein ... Das wäre ein viel zu hoher Aufwand!"

Also wollen Sie letzendlich doch da sein, wo Sie gerade sind, wenn Sie nichts ändern wollen.

Wäre es dann nicht lebensklüger, wenn Sie, wie Paulus und Silas, die eigene Situation bejahen statt sie zu bejammern? Und den Blick auf das richten, was da, was gut und gar nicht selbstverständlich ist?

Und sich an den Spiegel im Bad, an die Tür Ihres Kühlschranks und den Monitor Ihres PC ein kleines Zettelchen heften, auf dem steht: „Da, wo ich bin, da will ich sein!"   *CB*

Glück ist ...
... klare Entscheidungen zu treffen

Es geht um Leben und Tod. Gott stellt das Volk vor die Entscheidung. Es soll sich für das Leben oder für den Tod entscheiden. Wir stehen ständig vor Entscheidungen. Das heißt: Wir haben die Wahl ... ob wir uns dafür entscheiden, zu jammern, dass es uns so schlecht geht und dass die andern es alle besser haben – oder ob wir uns entscheiden, Ja zu sagen zu unserem Leben, uns für die Möglichkeiten entscheiden, die Gott uns geschenkt hat.

Wir können uns für die Freude oder für die Traurigkeit entscheiden. Wir können zwar nicht die Gefühle manipulieren oder sie auf Knopfdruck ändern. Aber ob wir uns nach einer Kränkung den ganzen Nachmittag Gedanken darüber machen, wie unfair der andere war, oder ob wir ihm innerlich Hausverbot erteilen und uns an der eigenen Wohnung freuen – das ist unsere Entscheidung. Mit unseren Entscheidungen gestalten wir unser Leben. Wir sind durch unsere Entscheidungen sozusagen unseres Glückes Schmied oder – wie es manchmal eher zutrifft – unseres Unglückes Schmied.   AG

5. Wegweiser:
Stille

Elia ist stolz auf seinen Erfolg. Er allein hat die 450 Baalspriester besiegt. Man meint, das mache ihn glücklich. Doch er hat keine Zeit, sein Glück und seinen Erfolg zu genießen. Die Königin Isebel verfolgt ihn. Elia macht sich auf den Weg in die Wüste. Er läuft um sein Leben. Doch kaum ist er in der Wüste angekommen, schlägt seine Stimmung um. Er wird depressiv. Er wünscht sich den Tod. Er sagt: „Nun ist es genug, Herr. Nimm mein Leben; denn ich bin nicht besser als meine Väter" (1 Kön 19,4). Er erkennt, dass er nicht besser ist als die, die er verfolgt hat. Er hat in sich nicht nur den starken Glauben, sondern genauso auch einen Unglauben. Er verehrt nicht nur den wahren Gott, sondern auch die Götzen wie Erfolg und Macht. Diese schmerzliche Selbsterkenntnis raubt dem Propheten alle Lebenskraft und Lebenslust. Der Erfolg mündet in eine typische Erfolgsdepression. Von Glück ist nicht mehr die Rede. Doch da kommt ein Engel und rührt ihn an: „Steh auf und iss!" (1 Kön 19,5). Elia steht auf und isst von dem

Brot, das neben seinem Kopf liegt, und trinkt aus dem Krug Wasser, den er vorfindet. Doch dann legt er sich wieder hin und schläft weiter. Er vergräbt sich wieder in seine Depression. Der Engel war nur ein kleines Zwischenspiel von Zuversicht. Doch der Engel hat Geduld mit Elia. Er kommt noch einmal und weckt ihn auf: „Steh auf und iss! Sonst ist der Weg zu weit für dich" (1 Kön 19,7). Jetzt steht Elia auf, isst und trinkt und macht sich auf den Weg durch die Wüste. Vierzig Tage und vierzig Nächte wandert er durch die Wüste. So viel Kraft hat ihm die Speise gegeben, die der Engel ihm vorgesetzt hat.

Elia erblickt den Gottesberg Horeb. Er ist müde von seiner Reise und zieht sich zurück in eine Höhle, um dort zu schlafen. Er genießt die Geborgenheit der Höhle. Da fühlt er sich sicher. Da fühlt er sich daheim. Höhle ist ja ein Bild für den Mutterschoß, in den wir uns gerne zurückziehen, um genauso geschützt und sorglos zu sein wie damals im Mutterleib. Doch Gott lässt den Propheten nicht in Ruhe. Er fordert ihn auf: „Komm heraus und stell dich auf den Berg vor den Herrn!" (1 Kön 19,11). Und dann zieht Gott an Elia vorüber. Zuerst zieht ein heftiger Sturm vorüber. Doch Gott war nicht im Sturm. Gott zeigt dem Propheten, dass er bisher falschen Gottesbildern nachgelaufen ist. Er hatte gemeint, Gott sei nur im Sturm der Begeisterung, Gott würde man nur in starken Gefühlen erfahren. Dann lässt Gott ein Erdbeben entstehen. Aber Gott war nicht im Erdbeben. Elia hatte gedacht, Gott müsse alle Feinde vernichten. Gottes Stärke zeige sich nur dann, wenn alles Gottwidrige wie in einem Erdbeben zerstört und dem Erdboden gleichgemacht wird. Aber das waren mehr die Wünsche des Propheten als das, was Gott ausmacht. Dann kam ein großes Feuer. Aber Gott war nicht im Feuer. Elia hatte gedacht, Gott sei der vollkommene Gott. Und nur der Mensch, der auch vollkommen ist, der rein und geläutert ist, der alle seine Fehler im Feuer Gottes verbrannt hat, könne Gott begegnen. Doch auch da begegnete Elia mehr seinem eigenen Perfektionismus als dem wahren Gott.

„Nach dem Feuer kam ein sanftes, leises Säuseln. Als Elia es hörte, hüllte er sein Gesicht in den Mantel, trat hinaus und stellte sich an den Eingang der Höhle" (1 Kön 19,12f.). Im Schweigen erfährt Elia Gott. Im Schweigen verstummen alle seine Worte über Gott, da lösen sich seine Bilder von Gott auf. Da begegnet ihm das Geheimnis Gottes. Und da wird Elia selber still. Und in dieser Stille erfährt er das Glück, das er bisher auf so lauten Wegen wie dem Sturm, dem Erdbeben und dem Feuer gesucht hat. Gott ist der, der das Herz in der Stille sanft berührt. Martin Buber übersetzt diese Stelle mit „der Stimme verschwebenden Schweigens". Man kann das Geheimnis dieser göttlichen Stille gar nicht angemessen beschreiben. Es ist eine sanfte und zärtliche Stille. Sie streichelt das Herz des Menschen. Sie stillt die Sehnsucht des Menschen nach Glück. Wie die Mutter ihr Kind stillt, so stillt Gott in der Stille unseren tiefsten Hunger und Durst nach Glück, nach Geborgenheit, nach Liebe, nach Heimat.

Für den Psalmisten ist es das höchste Glück, Gott zu finden. Glücklich ist, wer auf Gott vertraut, wer auf Gott seine Hoffnung setzt. Er ist glücklich, wenn er im Haus des Herrn wohnen darf. Der Beter drückt es so aus: „Mein Herz und mein Leib jauchzen ihm zu, ihm, dem lebendigen Gott" (Ps 84,3). Aber glücklich macht nur der wahre Gott. Für uns Christen ist es der Gott, den Jesus uns verkündet hat als den barmherzigen Gott, als den Gott, der auch den Sünder annimmt und ihn in seiner Barmherzigkeit umarmt. Elia durfte in die Schule Gottes gehen, um den wahren Gott von falschen Gottesbildern zu unterscheiden. Auch wir brauchen diesen Weg durch die Wüste, in der unsere anerzogenen Gottesbilder verstummen. Wenn wir ein krank machendes Gottesbild in uns haben, können wir unmöglich glücklich werden. Wer in sich das Bild eines strafenden Gottes trägt, der lebt in ständiger Angst, für irgendetwas bestraft zu werden. Und oft hat er in sich selbst eine Selbstbestrafungstendenz. Er hat Angst vor dem eigenen Innern. Ähnlich ist es mit dem Bild des kontrollierenden Gottes. Es ist immer Ausdruck der Angst vor dem Chaos im eigenen Herzen. Die eigenen Gefühle meint man kontrollieren zu müssen, weil sie sonst explodieren könnten. Aus solchen Bildern von Gott und von uns selbst sollen wir wie Elia auswandern, um dann in der Stille Gott zu erfahren als den zärtlichen Gott, der uns wie ein leises Säuseln ganz leise und sanft berührt und streichelt. Wer diesen Gott erfährt in der Stille seines Herzens, der kommt selbst innerlich zur Ruhe und er empfindet ein leises, aber doch starkes Glück, ein Glück, das auch durch den Lärm des Alltags nicht mehr aufgelöst werden kann.   *AG*

Glück ist ...
... Gastfreundschaft zu leben

In der Frühzeit des Christentums war die Gast-
freundschaft etwas Heiliges. Jesus selbst hat die Gast-
freundschaft von lieben Menschen genossen. Seine
beiden Freundinnen Marta und Maria haben ihn
gastfreundlich aufgenommen, aber auch Zöllner und
Sünder haben ihn aufgenommen. Und er hat als Gast
die Menschen, die ihn aufgenommen haben, immer
beschenkt, beschenkt mit Liebe, mit Freundlichkeit,
mit Barmherzigkeit und mit Worten, die die Gast-
geber in ihrem Herzen berührt haben. Der Hebräer-
brief mahnt seine Leser und Leserinnen: „Vergesst die
Gastfreundschaft nicht; denn durch sie haben einige,
ohne es zu ahnen, Engel beherbergt" (Hebr 13,2). Die
Gastfreundschaft tut dem Gast gut. Sie schenkt ihm
mitten in der Fremde Heimat und Geborgenheit. Aber
die Gastfreundschaft tut auch dem Gastgeber gut. Er
wird oft beschenkt durch die Gaben, die die Gäste mit
sich bringen, durch ihre Lebendigkeit, durch ihre Le-
benserfahrung, durch die Kultur, die sie prägt, durch
die Spiritualität, aus der sie leben. So entsteht zwi-
schen Gästen und Gastgebern oft ein Gefühl von Nähe
und Glück. Man möchte sich gar nicht mehr trennen.
Man hat das Gefühl: Heute haben wir neue Freunde
gewonnen. Unser Leben ist weiter geworden. AG

6. Wegweiser:

Pausen

„Herr, ist es dir eigentlich egal, dass mich meine Schwester alleine dienen lässt? Sage ihr doch, dass sie auch mit anpacken soll!" (Lk 10,40). Martha ist stinksauer. In ihrer Wut hat sie sich vor Jesus aufgebaut und lässt ihren ganzen Frust heraus.

Sie möchte doch, dass Jesus sich wohlfühlt in ihrem Haus, sie will eine gute Gastgeberin sein und dafür sorgen, dass es ihrem besonderen Gast an nichts fehlt. Schon im Vorfeld hat sie wahrscheinlich gemeinsam mit ihrer Schwester Maria das Haus auf Vordermann gebracht, die Böden geschrubbt, die Möbel entstaubt und den Tisch fein gedeckt. Seit Tagen haben sie Speisen vorbereitet und Getränke bereitgestellt. Sicher hat sie auch mit Maria besprochen, was noch alles zu tun sein würde, wenn der Gast dann endlich da wäre. Es gibt einen klaren Plan und eine Abfolge: „Wenn Jesus dann da ist, dann begrüßen wir ihn, wir reichen ihm eine Schüssel mit Wasser und ein Tuch, damit er sich erfrischen kann. Dann bringen wir ihm etwas zu trinken und sorgen dafür, dass er und seine Begleiter sich wohlfühlen. Dann gehen wir wieder in die Küche und holen die ersten Speisen. Wir überraschen unseren Gast mit einem leckeren Büfett, das wir nach und nach aufbauen. Und zwischendurch plaudern und scherzen wir – das wird bestimmt ein ganz tolles Fest!"

So oder so ähnlich hat sich Martha das Ganze wohl vorgestellt – jede der beiden Schwestern hat ihre Aufgabe, jede leistet ihren Beitrag. Wie gut ist es, dass es Menschen wie Martha gibt, Menschen, die einen Plan und andere im Blick haben, die dafür Sorge tragen, dass andere sich wohlfühlen. Wie schön ist es doch, wenn wir eingeladen sind und ein Haus betreten und merken: Die Gastgeber freuen sich auf diesen Abend. Sie haben alles gut vorbereitet, den Tisch festlich gedeckt und die Kerzen angezündet. Im Hintergrund läuft eine angenehme Musik. Ein Duft liegt in der Luft, der einem das Wasser im Mund zusammenlaufen lässt, und wir sind voll freudiger Erwartung – angenehme Stunden und Gespräche liegen vor uns.

Wenn ich mit den Musikern, die mich begleiten, im ganzen Land unterwegs bin, dann erleben wir ganz oft diese Gastfreundschaft. Manchmal zaubern „fleißige Hände" ein wunderbares, kleines Büfett für die nach einem langen Tag ausgehungerten Techniker und Musiker. Wir schmecken und sehen: Hier haben sich liebe Leute darauf gefreut, dass wir kommen und ein Konzert geben. Die Veranstalterinnen – meistens sind es Frauen, die sich so engagieren – wollen, dass wir uns wohlfühlen. Das tut gut. Diese guten „Menschen im Hintergrund", die bereit sind, sich einzusetzen, ohne dass sie groß erwähnt werden oder gar auf einer Bühne stehen, die Männer und Frauen, die bereit sind, anzupacken, Bühnenteile zu schleppen, den Altar zu dekorieren und für die Verpflegung zu sorgen, die bereit sind, Werbung zu machen, Plakate aufzuhängen und Flyer zu verteilen, die unendlich viele Fragen und Details klären, sie sind das Rückgrat einer jeden erfolgreichen Veranstaltung. Ohne diese Menschen würde gar nichts laufen.

Oder die vielen, vielen Ehrenamtlichen, die sich praktisch unermüdlich dafür einsetzen, dass Flüchtlinge bei uns eine neue Heimat finden können – ohne sie wäre die „Willkommenskultur" in unserem Land eine Farce. Weil aber Männer und Frauen und junge Leute bereit sind, unentgeltlich Sprachkurse zu geben, Kleider zu sammeln und Fahrräder zu organisieren, weil Menschen bereit sind, Möglichkeiten der Begegnung zu schaffen, Behördengänge und Arztbesuche zu begleiten, deshalb und nur deshalb kann eine beginnende Integration von Menschen in Not als halbwegs realistisch angesehen werden. Wir brauchen Menschen wie Martha, mehr denn je, Menschen, die bereit sind zu dienen.

Das Besondere und das Anziehende an den ersten christlichen Gemeinden war ja genau diese Freundlichkeit und Menschenliebe: Sie hatten Gütergemeinschaft, sie kümmerten sich um die Kranken, die Witwen und die Waisen. In der alten Kirche wurde diese Haltung, diese Bereitschaft zum Dienen, als „vita activa" bezeichnet. Die eigenen Bedürfnisse in den Hintergrund zu stellen und für andere da zu sein, aus dieser Bereitschaft heraus sind viele Orden entstanden, aus diesem Wunsch, im Namen Jesu anderen zu dienen.

Und so ist bis heute der selbstlose Einsatz für andere ein wichtiges Merkmal des christlichen Glaubens. Organisationen wie die Diakonie oder die Caritas haben ihren Ursprung in diesem selbstlosen Dasein für andere.

Wenn ich mit Leuten ins Gespräch komme, die sich so engagieren, beobachte ich immer wieder, wie ihre Augen zu leuchten beginnen, wie sie begeistert sind davon, dass sie helfen können und dürfen. Und das strahlen sie aus.

Und es ist natürlich auch ein Weg zum Glück für die anderen, für jene, denen wir helfen, denen wir unsere Gastfreundschaft schenken. Miteinander essen und trinken, miteinander singen und feiern, das macht uns glücklich, wir tauchen ein in die Gemeinschaft und reden, hören und lachen – welch ein Genuss!

Dieses aktive Leben, dieser Einsatz für andere, ist mit Sicherheit ein Weg zum Glück. Wir merken, dass wir in einem Dienst für andere nicht nur geben, sondern dass wir wie nebenbei selbst beschenkt werden. Das empfindet auch Martha so, aber sie fühlt sich auch alleingelassen. Als Jesus das Haus betritt und die Schwestern ihn herzlich begrüßen, setzt er sich hin und beginnt zu erzählen. Martha eilt gleich wieder in die Küche, um den Gast weiter zu bewirten.

Und was macht Maria? Sie setzt sich zu Jesus und hört ihm zu. Sie lässt einfach alles liegen und stehen, vergisst den Arbeitsplan und nimmt sich Zeit, Zeit für Jesus und Zeit für sich selbst. Irgendwie wäre es als Gastgeberin ja auch unhöflich, Jesus mit seinen Begleitern jetzt alleine dasitzen zu lassen, oder?

Kennen Sie das, Sie sind bei jemandem eingeladen, aber Ihre Freunde sind noch nicht ganz fertig mit den Vorbereitungen? Und dann stehen oder sitzen Sie herum und aus der Küche ruft es:

„Wir sind gleich bei euch …" – der Einstieg in den Abend ist dann so ein bisschen unsortiert. Dann ist es doch gut, wenn sich – z. B. bei einem Paar als Gastgeber – die eine schon mal Zeit nimmt und sich den Gästen widmet, während der andere noch die Flasche entkorkt und die Gläser bereitstellt. Vor diesem Hintergrund verhält sich Maria eigentlich richtig, sie schenkt dem Gast ihre Aufmerksamkeit. Arbeitsteilung könnte man das auch nennen.

Martha findet das unfair. Martha möchte auch gerne mitbekommen, was Jesus zu erzählen hat, aber „die Pflicht ruft". Man ahnt, dass Martha, selbst wenn sie das Gleiche wie Maria tun würde, nämlich sich einfach zu Jesu Füßen setzen (damals die Haltung der Schülerinnen und Schüler), es nicht wirklich genießen könnte, weil ihr zu viel im Kopf herumschwirrt, was noch getan werden müsste. Selbst, wenn sie sich die Zeit nähme, ihre „To-do-Liste" wäre stärker.

Das geht wohl Menschen zu allen Zeiten so: Eine Managerin etwa, die sich aufgrund eines Burnouts in ein Kloster begeben hatte, um zur Ruhe zu kommen, zog nach wenigen Tagen wieder zurück in ihr städtisches Apartment, weil sie die Stille und das „Zur Ruhe kommen" nicht aushalten konnte.

Ich stelle mir Marias und Marthas Situation vor: Die beiden haben bestimmte Verabredungen, was zu tun ist, wenn ihr Gast ankommt. Und nun lässt Maria einfach mal fünfe grade sein und vergisst, was sie zu tun hätte. Sie sitzt da und lauscht fasziniert den Erzählungen Jesu. Und Martha, sie flitzt durchs Haus, stapelt Teller, holt weitere Gläser für die Begleiter, die mitgekommen sind, wischt ein umgefallenes Getränk auf und achtet darauf, dass alle gut bedient sind. Ich stelle mir vor, je öfter sie an Jesus und der lauschenden Maria vorbeirauscht, desto wütender wird sie. Sie versucht vielleicht, ihrer Schwester kleine Hinweise und Zeichen zu geben, sie daran zu erinnern: „Hallo, Maria, wir hatten doch eine Vereinbarung, erst stellen wir alle Speisen und Getränke auf den Tisch, erst bewirten wir unsere Gäste und sorgen dafür, dass sie sich wohlfühlen, und dann setzen wir uns dazu …" Doch sie erreicht Maria gar nicht. Die Schwester schenkt ihr keine Aufmerksamkeit mehr, denn die gilt allein Jesus.

Das ist die Situation, in der Martha schließlich der Kragen platzt und sie sich vor ihrem Gast aufbaut und ihn anfährt: „Herr, ist es dir egal, dass mich meine Schwester alleine dienen lässt? Sage ihr doch, dass sie auch mit anpacken soll!"

Offensichtlich sieht sie keine andere Möglichkeit, ihre Schwester zu erreichen, als durch Jesus, durch ein Wort von ihm. Jesus ist sicherlich überrascht von dieser barschen Anrede – ich hätte, glaube ich, auch ein bisschen verwundert reagiert, so nach dem Motto: „Sag mal, wie redest du eigentlich mit mir?"

Aber vielleicht sind die beiden so vertraut miteinander, so freundschaftlich verbunden, dass Martha ohne große Umschweife einfach Klartext reden und das, was ihr auf dem Herzen liegt, aussprechen kann. Und Jesus? Er nimmt sie ganz bewusst wahr. Er hört, was sie sagt und wie sie mit ihm spricht, er sieht, wie aufgebracht, aber auch wie erschöpft sie ist, und er erkennt ihre Sehnsucht, ihm zu begegnen.

Und er antwortet ihr wertschätzend: „Martha, Martha, du machst dir viel Mühe ..." Also: „Ich sehe, was du hier leistest, und das ist toll – ohne deine Gastfreundschaft, ohne deine Bereitschaft, für uns da zu sein, könnten wir hier nicht so schön zusammensitzen. Danke!" Aber dann sagt er: „Eines aber tut not. Maria hat das wahrgenommen, was sie für notwendig hielt, und das darf ihr nicht genommen werden."

Zwischen all dem, was wir arbeiten, was wir für andere tun, brauchen wir Zeiten, in denen wir wieder auftanken können. Wir spüren das, aber oft übergehen wir es, denn scheinbar ist noch so viel zu erledigen. Viele Frauen und Männer, die so etwas wie ein Burn-out erleben (müssen), haben wohl auch die Signale ihrer Seele überhört: „Nimm dir Zeit für dich, bringe mehr Stille in dein Leben. Entdecke den Augenblick und halte achtsam inne. Achte auf dein Herz und spüre deine innere Unruhe. Atme auf, erlaube es dir selbst, dich neu auszurichten und zur Ruhe zu kommen."

Wenn in meinem Inneren „Not am Mann" oder wie bei Martha „Not an der Frau" ist, wenn ich also Not empfinde, wie Jesus es formuliert, dann ist es gut, Ausschau zu halten nach etwas, das die Not wendet, nach dem nun dringend Not-Wendigen. Dieses innere Hinhören und Ausschauhalten wurde in der alten Kirche als „vita contemplativa" bezeichnet.

Die beiden Haltungen, das „aktive Leben" und das „beschauliche Leben", brauchen einander. Beide gehören zu unserem Leben dazu. Die alte Ordensregel „ora et labora" („Bete und arbeite") geht in dieselbe Richtung. Und wenn heute von „Work-Life-Balance" die Rede ist, meint das auch nichts anderes als die Erkenntnis: Wir brauchen diese beiden Seiten des Lebens: Zeiten, in denen wir ranklotzen und etwas schaffen, und Zeiten, in denen wir uns entspannen und unserer Seele etwas Gutes tun.

Zum Glück gibt es diese beiden Wege, die mir helfen, ausgewogen, entspannt und doch engagiert zu leben – in allen Lebensbereichen, auch im Ehrenamt. Das gesunde kirchliche, christliche Engagement unterscheidet sich von anderen durch diese zwei Seiten: dass wir nicht nur „für Gott im Einsatz" sind, sondern dass wir im Gottesdienst und in Zeiten der Stille zur Ruhe kommen und unser Herz Jesus zuwenden, seinen Worten lauschen und uns von seinem Geist neu und kraftvoll inspirieren lassen. *CB*

7. Wegweiser:
Träume und
Verheißungen

Jakob ist der schlauere Bruder, gewieft und manchmal listig. Er betrügt seinen Zwillingsbruder Esau, der vor ihm aus dem Mutterleib kam, um dessen Erstgeburtsrecht. Als Esau einmal müde von der Jagd kommt, will er unbedingt ein Linsengericht essen. Doch Jakob ist nur bereit, es ihm zu kochen, wenn Esau ihm das Erstgeburtsrecht abtritt. In seiner Müdigkeit und seinem Hunger lässt Esau sich leicht überreden. Und Jakob „zieht ihn über den Tisch", bringt seinen Bruder so um den Segen des Erstgeborenen.

Doch jetzt hat er Angst vor seinem Bruder. Er fürchtet sich vor ihm und er denkt, er wolle ihn umbringen. Da flieht er vor seinem Bruder.

In der ersten Nacht seiner Flucht erlebt Jakob etwas Eigenartiges, nachdem er sich unterwegs mit einem Stein als Kissen ein notdürftiges Nachtlager bereitet hat und eingeschlafen ist.

„Da hatte er einen Traum: Er sah eine Treppe,

die auf der Erde stand und bis zum Himmel reichte. Auf ihr stiegen Engel Gottes auf und nieder. Und siehe, der Herr stand oben und sprach: ‚Ich bin der Herr, der Gott deines Vaters Abraham und der Gott Isaaks. Das Land, auf dem du liegst, will ich dir und deinen Nachkommen geben. … Ich bin mit dir, ich behüte dich, wohin du auch gehst, und bringe dich zurück in dieses Land. Denn ich verlasse dich nicht, bis ich vollbringe, was ich dir versprochen habe'" (Gen 28,12f.15).

Mitten in Jakobs Angst vor seinem Bruder Esau verspricht Gott ihm im Traum, dass er ihn nicht verlassen, sondern all seine Versprechungen an ihm vollbringen werde. Gott verspricht dem Jakob, dass sein Leben gelingen, dass sein Leben immer voller Segen sein wird.

Dieser Traum stärkt Jakob in seinem Vertrauen, dass sein Leben wieder „gut" werden, dass er wieder glücklich werden kann.

Aber nach dem Traum kommen zunächst schwierige Zeiten auf Jakob zu. Er muss bei Laban erst einmal arbeiten, damit der ihm seine Tochter zur Frau gibt. Doch Laban trickst ihn aus. Statt Rachel, in die sich Jakob verliebt hat, gibt er ihm in der Dunkelheit Lea zur Frau, die gar nicht schön aussah. Erst als Jakob mit ihr geschlafen hat, merkt er am Morgen den Betrug. Lea wird in dieser Nacht schwanger von Jakob, so bleibt dem nichts anderes übrig, als Lea zur Frau zu nehmen. Sie bringt ihm noch mehrere Söhne zur Welt. Erst um die Arbeit von sieben weiteren Jahren ist Laban schließlich bereit, dem Jakob auch Rachel zur Frau zu geben. Doch dann zahlt Jakob seinem Schwiegervater diesen Betrug mit seiner Schlauheit heim – nun trickst er ihn aus. Jakob vereinbart mit Laban, dass er nur die gestreiften, gesprenkelten und scheckigen Schafe als Lohn mitnimmt … Doch deren Anzahl weiß er zu beeinflussen. Er legt geschälte Ruten in die Tröge, wenn die Schafe sich begatten. Das bewirkt, dass nur noch gestreifte Schafe geboren werden. Und so wird die Herde des Jakob immer größer und die des Laban immer kleiner.

Jakob zieht schließlich mit seinen beiden Frauen, mit seinen Söhnen und mit der großen Viehherde, die nun ihm gehört, von Laban fort, um in seine Heimat zurückzukehren. Doch dann wird ihm gemeldet, dass sein Bruder Esau ihm mit vielen anderen Männern entgegenzieht. Jakob bekommt erneut Angst vor Esau. Er denkt: „Der will mich bestimmt töten." Jetzt muss Jakob sich seiner eigenen Wahrheit stellen. Und er erkennt, dass er sich nicht mehr mit Tricks durchs Leben mogeln kann. Er muss sich aussöhnen mit Esau, aber auch mit all dem Verdrängten in seiner eigenen Seele. Jakob bringt seine Frauen und sein Vieh in Sicherheit, über die Furt des Jabbok, und bleibt allein zurück.

Da stellt sich ihm in der Dunkelheit ein Mann entgegen und kämpft mit ihm. Jakob muss sich den eigenen Schattenseiten stellen, seinem betrügerischen Handeln. Hier kann Jakob keinen Trick mehr anwenden. Er muss kämpfen. Und er kämpft mit dem unbekannten Mann. Als es Morgen wird, sagt der Mann zu Jakob: „Lass mich los; denn die Morgenröte ist aufgestiegen." Jakob aber entgegnet: Ich lasse dich nicht los, wenn du mich nicht segnest" (Gen 32,27). Und dieser Mann segnet den Jakob. Und er gibt ihm einen neuen Namen. Er heißt nun nicht mehr Jakob, der Betrüger, sondern Israel, der Gottesstreiter. In dem unbekannten Mann segnet Gott selbst den Jakob. Und dieser Segen befreit den Jakob von seiner Angst vor seinem Bruder Esau. Als Esau ihm schließlich begegnet, umarmen sie sich und söhnen sich miteinander aus. Weil Jakob sich seiner eigenen Wahrheit und seinen eigenen Schattenseiten gestellt hat, kann er auch mit seinem Bruder Esau einen neuen Anfang machen.

Das Glück, das Jakob mitten in seiner Flucht durch einen Traum und eine besondere Begegnung erreicht hat, drückt sich aus in der biblischen

Beschreibung seiner Situation nach dem Kampf: „Die Sonne schien bereits auf ihn, als er durch Penuel zog; er hinkte an seiner Hüfte" (Gen 32,32). Es ist nun hell geworden über Jakob. Die Sonne scheint – ein Zeichen für den Segen Gottes, der über ihm liegt. Die Sonne wird seine Felder segnen, sodass er immer eine reiche Ernte einfahren kann.

Nun zieht Jakob durch den Fluss. Es beginnt ein neuer Lebensabschnitt. Er lässt das Vergangene zurück. Er lässt sein betrügerisches Verhalten zurück. Es belastet ihn nicht mehr. Gott hat ihn in seinem Segen davon befreit. Aber Jakob hinkt an seiner Hüfte. Er ist von Gott gezeichnet. Er muss langsamer gehen, sich achtsamer bewegen. Die Wunde erinnert ihn beständig an Gott. So wird er mit Gott seinen Weg weitergehen, bedächtiger, langsamer, aber erfüllt von dem Segen, den er empfangen hat. Und dieser Segen macht ihn glücklich.

Die Geschichte des Jakob ist voller Hoffnung für uns. Manchmal sind wir auch auf der Flucht vor uns selbst. Wir laufen vor der eigenen Wahrheit davon. Doch dann holt uns die Wahrheit schmerzlich ein. Wir wissen nicht mehr ein noch aus. Aber auch in diesen dunklen Stunden, in denen wir mit uns selbst kämpfen, kann ein Segen liegen. Und dieser Segen bewirkt auch in uns ein Glück, das dauerhaft ist.

Jakob wird später zum Stammvater Israels. Seine zwölf Söhne sind der Grundstock der zwölf Stämme Israels. Wie Jakob werden auch wir manche Irrwege und Umwege gehen. Wir meinen manchmal, in einer Sackgasse zu landen. Da brauchen wir einen Traum wie Jakob, dass Gott nicht eher ruhen wird, bis er an uns vollbringt, was er versprochen hat, bis unser Leben unter seinem Segen gelingt. Dieser Traum gibt uns auch in solch dunklen Nächten, wie sie Jakob am Jabbok erlebt hat, die Hoffnung, dass wir von Gott gesegnet sind und dass sich der Segen gegen alle Widerstände und äußeren Widerfahrnisse durchsetzen wird. *AG*

Glück ist ...
          ... Traurigkeit zu ertragen

Es gibt die Zeiten der Traurigkeit, Zeiten, in denen ich im Loch sitze, wo alles dunkel ist. Kein Wort der Liebe dringt bis auf den Grund dieses Loches vor. Doch es gibt die Zusage Jesu, dass er selbst hinabgestiegen ist in alle Dunkelheit. In seinem Tod ist er in die tiefste Einsamkeit des Menschen hinabgestiegen. Es gibt keine Einsamkeit mehr, in der ich ganz allein bin.

Jesus vergleicht unsere Traurigkeit und unseren Kummer mit dem Kummer einer Frau, die vor der Geburt ihres Kindes steht. Doch „wenn sie das Kind geboren hat, denkt sie nicht mehr an ihre Not – über der Freude, dass ein Mensch zur Welt kommen ist" (Joh 16,21). Jesus erinnert uns daran, dass die Traurigkeit immer nur ein Durchgang ist – hin zu einer Freude, die uns niemand nehmen kann. So können wir die Freude, die uns Jesus schenkt, wie ein Kleid überstreifen, es über jede Traurigkeit anziehen. Wir verdrängen die Traurigkeit nicht. Aber wir hören auf, uns auf die Traurigkeit zu fixieren. Wir haben in der Taufe Christus „als unser Gewand" angezogen. Und so tragen wir dieses ehrenhafte Gewand bewusst über unserer Einsamkeit, über unserer Traurigkeit, über unserer Verzweiflung. Es ist das Kleid der Freu-

de, das Kleid der Hoffnung und das weiße Kleid der Liebe, das uns Christus in der Taufe übergezogen hat. AG

8. Wegweiser:
Vergebung

„Wer ohne Schuld ist, der werfe den ersten Stein!"
Ein Satz wie Donnerhall, ein entwaffnender Satz,
gesagt von einem, der am Boden sitzt und etwas
in den Sand malt. Aus dieser Position sieht er nur
die Beine der Männer – und die Steine in ihren
Händen. Steine und Fäuste – geballte Gewalt, die
sich entladen will und darauf lauert loszuschlagen,
endlich. Diese Männer haben eine Frau erwischt,
in flagranti beim Ehebruch. Ich stelle mir vor: eine
attraktive Frau, ein Objekt der Begierde und Aus-
löserin so mancher Männerfantasie. Und nun hatte sie sich tatsächlich hingegeben, einem anderen,
außerhalb der bestehenden Regeln. Was für eine
Frechheit, dass sich jemand diese Freiheit einfach
nimmt. Gerüchte gab es ja schon lange, aber nun
gibt es Beweise. Und Zeugen. Gewissermaßen
„frisch" aus dem noch warmen Liebesnest zerren
sie die Frau in die Öffentlichkeit, stellen sie bloß
und wollen sie steinigen. Die sexuelle Begierde
schlägt um in Hass und ballt die Faust fest um einen Stein. Nach dem Gesetz des Mose ist die Sache

eindeutig: Eine Frau, die sich solche Freiheiten herausnimmt, muss gesteinigt werden.

Was für eine gute Gelegenheit, gleich noch einen anderen „freien" Menschen loszuwerden: Jesus von Nazareth, den Liebling der Massen, den unerhört anderen, unkonventionellen Wanderprediger und Wunderheiler, der die Köpfe und die Herzen der Menschen erreicht und bewegt wie kein anderer. Ihn wollen sie auf die Probe stellen, und deshalb zerren sie die Frau zu ihm und stellen ihn vor eine schier unlösbare Aufgabe: „Meister, wir haben diese Frau beim Ehebruch erwischt, nach dem Gesetz der Thora muss sie gesteinigt werden. Was sagst du? Was sollen wir deiner Meinung nach tun?"

Und Jesus kniet sich auf die Erde und beginnt etwas in den Sand zu malen. Er nimmt sich Zeit, er überlegt, er betet vielleicht. Er sieht die Füße und die auf den Boden reichenden Roben der Männer. Und er sieht vor allem die Steine in ihren Händen – eine gefährliche Situation. Doch dann steht er auf, schaut in die Runde und sagt diesen einen wunderbaren Satz: „Wer ohne Schuld ist, der werfe den ersten Stein!"

Dann kniet er sich wieder hin und spielt weiter mit dem Sand. Er bleibt nicht stehen. Er schaut ihnen nicht in die Augen. Er wendet sich wieder ab und schaut auf den Boden. Er gibt dem Einzelnen die Möglichkeit, sein Gesicht zu wahren und einen neuen Weg zu finden, den Weg der Umkehr – „Mit all meinen Gedanken bin ich ja um keinen Deut besser als diese Frau!" –, den Weg der Vergebung und den Weg des Loslassens.

Und der Groschen fällt bei dem einen oder anderen ... und so fällt auch Stein um Stein. Einer nach dem anderen gehen sie beschämt, aber vielleicht auch erleuchtet, weg und lassen Jesus und die Frau zurück.

Gleich in dreifacher Weise eröffnet sich hier ein Weg zum Glück.

Der erste Weg ist der Weg der Selbsterkenntnis: „Bevor du über andere urteilst und herziehst, schau doch mal in den Spiegel und sei ehrlich dir selbst gegenüber. Hör auf, dir und anderen etwas vorzumachen, und erkenne: Du hast überhaupt keinen Grund, dich moralisch oder in irgendeiner anderen Weise über andere zu erheben!" Das ist befreiend. „Nobody is perfect", heißt es im Englischen, und das bedeutet doch: Ich darf unvollkommen sein. Darf Fehler machen. Das ist Teil unseres Menschseins.

Wir werden, vor allem auch hier bei uns in Deutschland, getrieben von einem Perfektionswahn. Alles muss zu hundert Prozent, am besten zu hundertfünfzig Prozent, stimmen. Das hat eine gute Seite: „Made in Germany" wurde in den letzten Jahrzehnten regelrecht zu einem Markenzeichen für technische Vollendung und Qualität.

Das hat aber auch eine andere Seite: Man sagt uns Deutschen Pünktlichkeit, Fleiß, Perfektionsdrang und politisch korrektes Reden und Verhalten ohne Maß, bis hin zur Selbstaufgabe nach. Und wenn dann auf einmal ein Vorzeigeunternehmen wie der VW-Konzern diesen Pfad der Tugend verlässt, wird vor allem eines deutlich: „Nobody is perfect!" Wirklich niemand.

Wenn ich diese Erkenntnis einmal auf mich wirken lasse, wenn ich mir tatsächlich erlaube, auch meine eigenen Fehler zu sehen und mir einzugestehen, werde ich beginnen, barmherziger mit mir selbst und anderen umzugehen. Und kann dabei neu aufatmen.

Das ist der zweite Weg: der Weg der Barmherzigkeit. Auch ein Weg zum Glück.

Wenn ich mir nun selbst eingestehe: „Ja, auch ich mache Fehler, auch ich bin nicht perfekt", dann werde ich mir wünschen, dass meine engsten Vertrauten auch diesen unvollkommenen Teil von mir barmherzig sehen, dass sie verstehen und dass sie bereit sind, mir zu vergeben, mir immer wieder eine neue Chance zu geben.

Und ganz nach dem Motto „Behandle andere stets so, wie du selbst behandelt werden möchtest!" kann und werde ich dann auch lernen, anderen gerne zu vergeben.

Vergebung zu erhalten und zu gewähren, ist ein wesentlicher Schlüssel zum Glück.

Wenn Jesus an anderer Stelle sagt: „Liebe deinen Nächsten wie dich selbst", dann sagt er damit auch: Erst, wenn ich mich selbst erkannt und angenommen habe in meiner großen Ungereimtheit, kann ich auch den anderen, den Nächsten, annehmen und lieben mit all seinen Macken und Kanten.

„Am Du reift das Ich", hat der jüdische Philosoph Martin Buber gesagt. Deswegen brauchen wir enge Freunde, ehrliche Austauschpartner, Verbindungen voller Vertrauen.

Es gibt sicher keinen besseren Ort, diese Erfahrung zu machen, als eine Ehe. Wo zwei Menschen beschließen, in guten und in bösen Tagen beieinanderzubleiben und zueinanderzustehen, da machen wir diese – beileibe nicht immer schöne, langfristig aber stärkende und beglückende – Erfahrung, dass zwei ungehobelte Klötze sich aneinander reiben und Stück für Stück anpassen.

Ich kann auf diesem Weg im „Alltag der Vergebung" lernen, nicht immer auf mein Recht zu

pochen. Ich muss nicht mehr recht haben um jeden Preis, weil ich ja erkannt habe: Niemand hat
nur recht, zu einem Konflikt gehören immer mindestens zwei Seiten. Das Zusammenleben in einer
gelingenden Beziehung ist immer auch Leben aus
der Vergebung.

Die Aufforderung Jesu „Wer ohne Schuld ist,
der werfe den ersten Stein!" führt mich zur Selbsterkenntnis. Die Selbsterkenntnis weckt in mir die
Sehnsucht nach Vergebung. In dem Maß, in dem
ich bereit bin, mir das selbst und anderen zuzu-
gestehen, gelange ich schließlich zur Selbstannah-
me – die mir dann hilft loszulassen.

Und das ist der dritte Weg: Lerne loszulassen. In
der Szene von Jesus, den anklagenden Männern
und der Frau sind es die Steine, an die die aufge-
brachten Männer sich klammern. In diesen Stei-
nen liegt so viel Wut, aber auch Angst; in ihnen
liegt der Wunsch nach Klarheit und einfachen
Lösungen. Diese Steine stelle ich mir kantig und
schwer vor. Die beiden Hände voller Steine, das
bedeutet in meinen Augen auch: „Wir sind nach-
tragend, und das macht uns das Leben schwer. Wir
beschweren uns und tragen anderen schwere Steine nach, deshalb haben wir keine freie Hand mehr,
können wir nicht frei und nicht glücklich sein."

Vielleicht hilft es mir, wenn ich mir vorstelle, wie diese Steine, mit denen ich mich beschwere, beschaffen sind. Vielleicht stehen diese Steine für ganz konkrete Verletzungen und schlechte Erfahrungen, die ich erleiden musste. Schwer wiegt der Groll, den ich seit Jahren gegen einen Nachbarn hege. Schwer liegt die Kränkung, die ich von einem Arbeitskollegen erfahren habe, auf meinem Herzen.

Was für eine Freude, was für eine Erleichterung, wenn ich diese Steine endlich loslassen kann, vielleicht sogar ganz bewusst im Namen Jesu loslassen kann! Wenn ich aufhören kann, anderen ständig etwas nachzutragen, und wenn ich aufhöre, zu lamentieren und mich ständig zu beschweren. Ich lasse los ... und schon im Loslassen spüre ich, wie es mir leichter wird ums Herz und wie meine Seele beginnt zu singen. *CB*

9. Wegweiser:
Anbetung

Ein Weg, der die Dichter seit jeher fasziniert hat, ist der Weg der Magier zum Kind in der Krippe. Die Künstler haben diesen Weg gerne dargestellt, vor allem in seinem Zielpunkt, da die Magier niederfallen vor dem Kind auf Mariens Schoß. Dichter haben diesen Weg ausgemalt. Sie haben aus den Magiern, aus den Sterndeutern und Weisen des Ostens, drei Könige gemacht. Und sie haben diese Könige entweder den drei Erdteilen, die damals bekannt waren, zugeordnet. Dann sind sie Symbol für die ganze Welt, die zu Jesus kommt. Oder sie haben darin Vertreter der drei Lebensalter gesehen, der Jugend, der Lebensmitte und des Alters. Dann wurde klar, dass wir in jeder Zeit unseres Lebens nur dann bei uns ankommen, wenn wir niederfallen vor Gott. Beliebt ist auch die Legende vom vierten König, der mit den drei andern Königen auszieht. Doch er erbarmt sich unterwegs der Armen, die ihn anbetteln. So gibt er alles, was er besitzt, den Armen. Er gerät selbst in die Sklaverei. Als er frei wird, kommt er nach Jerusalem gerade in dem Augenblick, als Jesus gekreuzigt wird. Da schaut er auf zu dem Gekreuzigten und erkennt in ihm den Königssohn, nach dem er sein Leben lang gesucht hat. Seine Sehnsucht wird erfüllt.

Es ist ein Weg der Sehnsucht, den die Magier gehen, der Sehnsucht nach dem Stern, der ihnen den Königssohn anzeigt, aber auch der Weg der Sehnsucht, dort anzukommen, wo ich für immer niederfallen kann vor dem Geheimnis Gottes, das sich konkret in dem Kind in der Krippe zeigt. Ich kenne keinen Text, der diesen Weg der Sehnsucht schöner beschreibt, als eine Predigt, die Karl Rahner am Fest Epiphanie gehalten hat:

„Siehe, die Weisen haben sich aufgemacht. Ihre Füße liefen nach Bethlehem, ihr Herz aber pilgerte zu Gott. Sie suchten ihn; aber während sie ihn suchten, führte er sie schon. Sie glauben nicht, dass der Mensch seinen einen Schritt unterlassen dürfe, weil Gott ja doch tausend machen müsse, damit beide sich finden.

Sie sehen einen Stern seltsam am Himmel emporsteigen. Und wenn sie auch erschrecken vor der Kühnheit ihres Herzens, so gehorchen sie doch und brechen auf. Sie gehen verschlungene Wege, aber vor Gottes Augen ist es der gerade Weg zu ihm, weil sie ihn in Treue suchen. Der Weg ist weit, die Füße werden müde und das Herz wird schwer. Es kommt sich seltsam vor, das arme

Herz, weil es so anders sein muss als die Herzen der anderen Menschen, die so ernsthaft dumm in ihren Alltagsgeschäften versunken sind, wenn sie mitleidig oder ärgerlich diese Reisenden vorüberziehen sehen auf der Reise der nutzlosen Verschwendung des Herzens.

Aber ihr Herz hält durch. Und wie sie endlich ankommen und niederknien, tun sie nur, was sie eigentlich immer taten, was sie auf der Suche und Reise schon taten; sie bringen das Gold ihrer Liebe, den Weihrauch ihrer Ehrfurcht, die Myrrhe ihrer Schmerzen vor das Antlitz des unsichtbaren Gottes. Still, wie sie gekommen sind, schwinden sie wieder aus dem Gesichtskreis der heiligen Geschichte. Aber wer einmal sein ganzes Herz bis zum letzten Tropfen verschwendet hat an den Stern, der hat das Abenteuer seines Lebens schon bestanden, der ist angekommen, auch wenn der Weg noch weiterführt.

Lasst auch uns auf die abenteuerliche Reise des Herzens zu Gott gehen! Lasst uns aufbrechen und vergessen, was hinter uns liegt! Es ist noch alles Zukunft – weil wir Gott noch finden, noch mehr finden können. Der Weg geht durch Wüsten und Finsternisse. Aber verzage nicht: Der Stern ist da und leuchtet. Du sagst, er stehe zu klein und zu fern am Firmament deines Herzens? Aber er ist da! Er ist nur klein, weil du noch weit zu laufen hast! Er ist nur fern, weil deiner Großmut eine unendliche Reise zugetraut wird!"

Das Ziel des Weges ist nicht das Glück, sondern die Anbetung. Die Künstler haben die Anbetung der drei Könige gerne dargestellt. Meistens ist es der alte König, der vor dem Kind in Mariens Schoß niederkniet. Der alte Mann bekommt ganz zarte Hände, wenn er sie nach dem Kind ausstreckt. Sein Gesicht beginnt zu leuchten, wenn er auf das Antlitz des Kindes schaut. So hat es Stefan Lochner (1410–1451) in seinem berühmten Bild auf dem Dreikönigsaltar in Köln dargestellt. Auch die Augen des mittelalten und des jungen Königs werden vom Blick auf das göttliche Kind leuchtend. Man spürt das Glück, das sie erfahren.

Das Glück erfahren die Magier nicht, indem sie etwas haben wollen, sondern indem sie geben. Sie bringen ihre Gaben von Gold, Weihrauch und Myrrhe. Die geistliche Tradition hat diese Gaben verschieden ausgelegt. Karl Rahner legt sie subjektiv aus als Gold unserer Liebe, als Weihrauch unserer Sehnsucht und als Myrrhe unserer Schmerzen. Die Kirchenväter beziehen die Gaben mehr auf das göttliche Kind. Dann steht das Gold für den König, der Weihrauch für den Gottessohn und die Myrrhe für die Passion Jesu. Wir können die Gaben aber auch als Geschenke verstehen, die wir bekommen, wenn wir vor dem göttlichen

Kind niederfallen. Die Magier kommen ja, um dem neugeborenen König zu huldigen. Im Griechischen steht hier: „proskynesai". Das meint: niederfallen und anbeten. Das Lateinische übersetzt hier mit „adorare". Es bedeutet anbeten, mit dem Mund küssen. Die Künstler haben diese beiden Worte so dargestellt, dass die Könige vor dem Kind niederfallen und seine Füße küssen. Anbeten heißt, auf alle Erfahrungen verzichten. Ich falle vor Gott nieder, weil er Gott ist. In der Anbetung will ich nichts von Gott. Ich bin so ergriffen, dass ich einfach niederfalle. Ich vergesse mich selbst, weil mich Gott so berührt, dass ich aufhöre, über mich und meine Erfahrung nachzudenken. Das Paradox besteht jedoch darin, dass ich gerade dann, wenn ich anbete und mich selbst vergesse, das höchste Glück erfahre. Georges Bernanos drückt es einmal so aus: „Es ist eine große Gnade, sich selbst annehmen zu können. Aber die Gnade aller Gnaden ist, sich selbst vergessen zu können." Indem ich mich vergesse, erfahre ich wahres Glück. Da bin ich ganz präsent.

Die drei Gaben, die die Magier bringen, sind nicht nur ihre Geschenke, sondern zugleich auch die Geschenke, die ihnen das göttliche Kind gibt. Es sind die Geschenke, die wir in der Anbetung des göttlichen Kindes bekommen. Gold steht dann für den Goldglanz unserer Seele. Indem ich vor dem göttlichen Kind niederfalle und es anbete, habe ich teil an seinem göttlichen Glanz. Das Kind in Mariens Schoß führt mich zum göttlichen Kind auf dem Grund meiner Seele. Dort ist ein Raum der Stille, in dem Gott in mir wohnt. Und dieser Raum ist voll von Liebe, er glänzt golden. Weihrauch steht für unsere Sehnsucht. In der Anbetung wird mein Geist über mich hinausgehoben. Ich komme mit der Sehnsucht in Berührung, die Gott in mein Herz gegraben hat. In der Sehnsucht nach Gott ist schon Gott. In der Sehnsucht spüre ich die Spur Gottes in meinem Herzen. Die Sehnsucht ist schon die Erfahrung von Glück mitten in einer Welt, die meine tiefste Sehnsucht nicht zu stillen vermag. Die Sehnsucht, die mich über mich hinausführt, wird nur von Gott gestillt. Und in der Anbetung bekomme ich die Myrrhe geschenkt. Myrrhe ist ein Kraut, das im Paradies wächst und das unsere Wunden zu heilen vermag. Indem ich vor dem göttlichen Kind niederfalle, werden meine Wunden geheilt. Ich höre auf, um meine Verletzungen zu kreisen. Indem ich ganz aufgehe in der Anbetung des göttlichen Kindes, komme ich zur Ruhe, spüre ich meine Wunden nicht mehr. Sie werden relativiert. Die Anbetung befreit mich vom Kreisen um meine Wunden. So hören sie auf, mir wehzutun. Ich spüre sie noch. Aber ich kann mit ihnen leben. Die heilende Liebe, die mich in der Anbetung umgibt, ist stärker als die Wunden. Das ist die eigentliche Heilung meiner Wunden: nicht, dass sie verschwinden, sondern dass sie nicht mehr wehtun, sondern mich an meine Sehnsucht erinnern, vor Gott niederzufallen und ihn anzubeten. *AG*

10. Wegweiser:
Die Seligpreisungen Jesu

Das Wort „Habseligkeiten" wurde im Jahr 2004 zum schönsten deutschen Wort gekürt – ein wirklich schönes Wort! Es birgt die Spannung von Besitz („Hab, Hab und Gut, haben") und Glück. Denn eine Bedeutung von „selig" ist ja „zutiefst glücklich". Und da ich gerne mit Worten spiele, habe ich dieses Wort einfach mal geteilt und als Aufforderung formuliert: „Hab Seligkeiten!". Also: Gönne dir glückliche Momente, entdecke die glücklichen Momente in deinem Leben, denn sie sind ja da!

Gerade wir Deutschen stolpern ja gerne an unserem Glück vorbei. Und es ist gar nicht so schwierig, „besser sehen" zu lernen. Ich kann lernen, achtsam zu sein. Ich kann lernen, in einem besonderen Moment innezuhalten und festzustellen: „Hey, im Moment stimmt alles – nun sei auch glücklich: Hab Seligkeiten!"

Das kann ich einüben, da sind kleine Wege, die ich jeden Tag gehen kann. Ganz konkret?

Was tun, wenn ich schlecht gelaunt und dann leicht unfreundlich bin? Ich kann eine Entscheidung treffen! Wenn ich morgens aus dem Fenster schaue und murre: „Das wird wieder ein schlechter Tag!", dann werde ich wahrscheinlich auch einen Tag erleben, den ich als „schlecht" empfinde. Dabei ist ja der Tag selbst per se für jeden von uns gleich. Ist weder gut noch schlecht, sondern es kommt zuerst darauf an, was wir aus der Zeit eines Tages machen. Und wie wir umgehen mit den Widrigkeiten, die uns begegnen mögen. Es kommt auf die Haltung an, mit der wir Menschen – auch schwierigen Menschen! – oder Situationen begegnen. Ob ein Tag „gut" oder „schlecht" wird, liegt mehr in unserer Hand, als wir denken.

Zum Beispiel auf der Autobahn: Wer sich heutzutage ein Auto kauft, weiß doch, dass er mit diesem Auto viele Stunden im Stau stehen wird. Wir kaufen also gewissermaßen den Stau mit. Trotzdem schimpfen wir, wenn wir dann in einen Stau geraten, auf den blöden Stau! Dabei ist ein Stau weder schlecht noch gut. Er ist einfach da. Und nur wenn ich mich mit rotem Kopf in eine miese Stimmung steigere, beurteile ich diesen Stau als „blöd". Und dann ist der Stau wirklich blöd! Ganz anders, wenn ich damit rechne, dass es einen Stau geben kann – weil das zur Realität auf

der Straße gehört. Wenn ich einen kleinen Zeit-
puffer eingeplant habe. Wenn ich etwas zu trinken oder eine gute Vortrags-, Hörbuch- oder Mu-
sik-CD dabeihabe, die ich dann genießen kann.
Oder die Stille, die ich zum Nachdenken und
Beten nutzen kann.

Die Aufforderung „Hab Seligkeiten!" will uns
ermuntern, dass wir das Leben positiv angehen,
dass wir würdigen, was uns Gutes geschenkt ist.
Dann kann ich morgens sagen: „Hey, ein neuer
Tag liegt vor mir. Ich bin so gesund, dass ich auf-
wachen kann. Ich darf aufstehen und frühstücken
und dann darf ich etwas tun …"

Das ist ein Weg, der sich immer besser geht, je
öfter man ihn geht! Gerade wenn's am Anfang
schwerfällt …

Das schreibe ich aus Erfahrung – ich bin nämlich
„von Natur aus" ein kompletter Morgenmuffel,
und ich habe leicht schlechte Laune, obwohl ich
allen Grund hätte, gut gelaunt zu sein. Für mich
gilt der Satz: „Wer morgens mit einem zerknit-
terten Gesicht aufwacht, hat den Tag über genug
Entfaltungsmöglichkeiten." Vielleicht hat mich
deshalb das Wort „Habseligkeiten" so angesprun-
gen, weil ich es sofort als Aufforderung, als eine
Art Glücks-Therapiesatz für mich verstanden
habe: „Entdecke die Möglichkeiten – entdecke

dein Glück und lass es auf dich wirken!" Daraus ist auch das Lied entstanden:

Hab Seligkeiten in meinem Leben,
das mache ich mir tagtäglich klar.
Geglückte Zeiten, die wir erleben,
machen das Leben wunderbar.

Vor der „Bergpredigt Jesu" (im Matthäusevangelium) finden wir die acht „Seligpreisungen". Achtmal sagt Jesus: „Selig", also: zutiefst glücklich, „ … sind". Und dann zählt er auf, wer sich glücklich schätzen kann: die Friedfertigen, die Sanftmütigen, die hungert nach Gerechtigkeit usw.

Aber dann fallen auch Sätze, die uns nicht sofort einleuchten, wie: „Selig sind, die Leid tragen, denn sie sollen getröstet werden."

Kein leichter Glücks-Satz … zumal in einer Spaßgesellschaft, wo bei bestimmten Fernsehsendern eine Comedy-Sendung die andere jagt. In solchen Zeiten, in denen Comedians mit Nichtigkeiten als Programm ganze Fußballstadien füllen, fühle ich mich an das untergehende Rom erinnert, wo man versucht hat, mit „Brot und Spielen" die Massen von den eigentlichen Problemen abzulenken … zumindest für eine gewisse Zeit.

Im Grunde weiß es jeder: „Spaß haben" und „Glück erfahren" sind zwei völlig unterschiedliche Gemütszustände.

Es macht keinen Spaß, am Sterbebett eines geliebten Menschen auszuharren. Aber es kann zutiefst beglückend sein, wenn wir einen uns nahen Menschen hinüberbegleiten dürfen in eine andere Lebensdimension.

Wer dagegen Spaß haben will um jeden Preis, darf Trauer und Leid nicht zulassen, muss es verdrängen, wenn ein lieber Mensch gestorben ist. Wenn ich mir aber keine Zeit nehme, das Leid zu (er-)tragen, wenn ich mir keine Zeit nehme, zu trauern, dann kann ich auch nicht getröstet werden, dann führe ich in gewisser Weise ein trostloses Leben.

Jesus sagt nun, „zutiefst glücklich" können derjenige oder diejenige genannt werden, die es schaffen, auch die Trauer und das Leid in ein hoffnungsvolles Leben zu integrieren. Wer beides zusammenbringt – weil Leid und der Schmerz zu unserem Leben einfach dazugehören.

Nichts ist so gewiss wie die Tatsache, dass jede und jeder von uns einmal sterben muss, wir selbst und die Menschen um uns herum. Wie gut, wenn ich im Lauf meines Lebens lerne und erlebe, wie

ich echten Trost finde, wenn ich Leid und Traurigkeit nicht verdränge, sondern zulasse und dann
irgendwann hinter mir lassen kann.

Da kann ich die Seligpreisungen Jesu fast wie
eine „Anleitung zum Glücklichsein" lesen und
meditieren. Wie einen inneren Weg, den ich gehen
kann, jeden Tag ein Stück weiter.   *CB*

11. Wegweiser:
Unterwegs mit einem Auftrag

Jesus sendet seine Jünger aus mit dem Auftrag: „Geht und verkündet: Das Himmelreich ist nahe. Heilt Kranke, weckt Tote auf, macht Aussätzige rein, treibt Dämonen aus! Umsonst habt ihr empfangen, umsonst sollt ihr geben" (Mt 10,7f.).

Das scheint eine Überforderung zu sein. Wie sollten diese einfachen Fischer vom See Genesaret oder wie sollte dieser Zöllner Matthäus auf einmal fähig werden, Kranke zu heilen oder Aussätzige rein zu machen? Und wenn wir diese Worte Jesu auf uns beziehen – für uns sind sie ja auch aufgeschrieben –, dann haben wir das Gefühl, dass wir diese Forderungen Jesu unmöglich erfüllen können. Wir sind doch keine Heiler, keine Ärzte, keine Therapeuten. Wir sind einfache Christen. Wir gehen unseren Weg. Wir versuchen, das Beste aus unserem Leben zu machen. Dennoch sehe ich in diesem Weg, auf den Jesus die Jünger sendet, einen Glücksweg.

Viele Menschen suchen ihr Glück und ein gutes Leben, indem sie ständig fragen: „Was brauche ich zu meinem Glück? Was soll ich mir kaufen, damit ich glücklich bin? Was soll ich mir gönnen, damit ich Glück erfahre? Wäre ein Wellnesswochenende in einem besonderen Hotel das Richtige? Oder soll ich mir einen außergewöhnlichen Urlaub leisten?"

Jesus redet nicht davon, was wir uns kaufen oder nehmen sollten, damit wir glücklich werden. Er weist uns einen Weg, den wir gehen sollen. Er sendet uns mit einem Auftrag in die Welt. Und die Erfahrung zeigt: Nur wenn ein Mensch einen Sinn in seinem Leben erkennt, wenn er spürt, was für einen Auftrag er selbst in der Welt hat, wird er wirklich glücklich.

Und indem er sich engagiert für seine Sendung, fühlt sich sein Leben gut und stimmig an. Da beginnt sein Leben in Fluss zu kommen. Da wird es fruchtbar.

Und bei allem, was er für andere tut, wird er selbst beschenkt. Ich begleite viele Leute, die verausgabt sind. Ein Therapeut in unserem Team im Recollectiohaus sagt immer: „Wer viel gibt, der braucht auch viel." Manche geben viel, weil sie selbst viel Zuwendung und Anerkennung und

Aufmerksamkeit brauchen. Doch wenn ich gebe, weil ich eine Sendung in mir erkenne, dann werde ich mich nicht so leicht verausgaben. Ich bekomme dann auch etwas zurück von dem, was ich andern geschenkt habe. Aber ich gebe nicht, weil ich brauche, sondern weil ich einen Auftrag in mir spüre, eine Sendung, zu der mich Jesus gesandt hat.

Wir sollen nicht mit dem Anspruch ausziehen, dass wir die besten Heiler sind, dass wir alle Kranken zu heilen vermögen. Aber die Sendung Jesu traut uns zu, dass von uns etwas Heilendes ausgeht. Und das ist durchaus beglückend. Und manchmal dürfen wir es auch erfahren. Da geht ein Mensch von uns weg mit dem Satz: „Jetzt fühle ich mich das erste Mal richtig verstanden." Dann geht er wirklich heiler von uns weg. Weil er sich verstanden fühlt, kann er zu sich stehen.

Wenn wir das beobachten dürfen, fühlen wir uns glücklich. Denn durch uns ist etwas Heilendes geschehen. Wir können das Heilende nicht bewusst bewirken. Doch wenn wir an die Heilung im andern glauben, wenn wir an den guten Kern im andern glauben, wenn wir ihn nicht festlegen auf das, was wir von außen erkennen, dann kann sich im Menschen etwas wandeln. Er wird sich mehr im Einklang fühlen mit sich selbst. Er wird sich als gesünder erleben.

Wir können nicht Aussätzige rein machen. Aber manchmal sprechen wir mit einem Menschen, der sich selbst nicht annehmen kann. Und indem wir ihn nicht bewerten, sondern alles, was er uns zeigt, mit einem liebevollen Blick anschauen, wird er sich auf einmal rein fühlen. Er hört auf, sich zu verurteilen oder sich schmutzig zu fühlen. Er kann sich selbst annehmen. Dann weicht der Aussatz von ihm. Er kommt durch unsere Annahme in Einklang mit sich selbst. Er ist rein geworden. Er fühlt sich bedingungslos angenommen.

Dämonen austreiben ist für viele etwas allzu Fremdes. Sie scheuen sich, von Dämonen zu reden. Das klingt alles so geheimnisvoll, als ob da irgendwelche Dämonen mit ihrer Teufelsfratze sitzen und uns im Griff haben. Doch Dämonen stehen für innere Zwänge, die uns im Griff haben, für fixe Ideen, die unser Denken trüben. Markus nennt die Dämonen oft trübe oder unreine Geister. Es sind Gedanken, die unser Denken trüben, Fixierungen unseres Denkens, die uns nicht mehr klar denken lassen. Dämonen trüben vor allem unser Gottesbild. Fridolin Stier, ein katholischer Exeget, übersetzt die Dämonen mit Abergeistern.

Diesen Abergeistern begegne ich oft im Gespräch. Da lässt sich jemand auf keinen Prozess der Verwandlung ein. Bei allen Versuchen, in sein Leben Bewegung zu bringen, etwas zu ordnen und zu verwandeln, reagiert so ein Mensch immer mit einem Aber: „Aber bei mir geht das nicht. Aber bei mir ist das ganz anders. Das klingt ja schön, aber bei mir ist das unmöglich. Denn ich bin so und so …" Wenn ich eine halbe Stunde lang nur solche Abergeister auf meine liebevoll gemeinten Empfehlungen reagieren höre, dann werde ich langsam aggressiv. Dann verstehe ich, dass Jesus mit den Dämonen keine großen Gespräche führt, sondern sie einfach mit Vollmacht austreibt. Solche Abergeister kann man nur austreiben. Und das ist auch unsere Aufgabe, die Menschen von solchen Abergeistern zu befreien: ihnen Mut zu machen, ihr Leben in die Hand zu nehmen und es im Licht Gottes mit neuen Augen anzuschauen.

Wenn so ein Abergeist auf einmal seine Versuche aufgibt, einen Menschen vom Leben abzuhalten, wenn so ein Mensch dann auf einmal klar sieht und sein Leben nach Gott ausrichtet, dann fühle ich mich glücklich. Dann spüre ich das wahre Glück, das uns Jesus auf diesem Weg der Sendung aufzeigt.

Nicht, was wir uns erwerben, macht uns glücklich, sondern das, was wir andern schenken. Nicht das Kreisen um unsere Bedürfnisse führt zum Glück, sondern nur die Bereitschaft, sich von Jesus senden zu lassen und seinen Auftrag so zu erfüllen, wie Jesus ihn uns persönlich zugedacht hat. Auf diesem Weg braucht man gar nicht viel. Jesus meint, wir bräuchten keinen Vorrat. Wir brauchen uns nicht abzusichern, damit wir immer genügend zum Anziehen haben. Wir sollen uns einfach auf den Weg wagen.

Wenn wir einen Sinn in unserem Leben haben, dann fühlen wir uns frei. Wir gehen einfach los, ohne Angst, wir könnten mal zu wenig zum Essen oder zum Anziehen haben. Gott sorgt für uns. In diesem Vertrauen den Weg zu gehen, das macht glücklich.   *AG*

12. Wegweiser:
Kreativität

„Not macht erfinderisch", sagt man. Und in der Tat, es gab schon so manche Situation in meinem Leben, wo Kreativität gefragt war. Als Beispiel aus meiner Kindheit fällt mir da das alljährliche kleine Drama des Christbaumaufstellens ein. Damals gab es noch nicht diese genialen Christbaumständer mit Drahtzug, bei denen man einfach den Baum in die Mitte stellt und mit dem Fuß nur zwei-, dreimal mit einer Hebelvorrichtung „pumpt", bis der Drahtkreis den Baum fest umschließt – und fertig. Damals mussten wir unter der Anleitung unseres handwerklich in keiner Weise begabten Vaters den am Boden liegenden Baumstumpf zunächst mit einer alten rostigen Axt so lange bearbeiten, bis er halbwegs in den Metallring passte. Dann wurde der Stumpf mit Schrauben fixiert und anschließend der Baum in die Keramikfassung gehievt. Da stand er dann – krumm und schief. Um das auszugleichen, wurde er dann durchaus kreativ „alle Jahre wieder" mit einer Schnur an der Decke befestigt und stand dann halbwegs gerade in unserem Wohnzimmer.

Dass ich dann später mal als „Kreativer" meinen Lebensunterhalt verdienen würde, hätte ich damals nicht zu träumen gewagt. Die „Not eines leeren Blattes" angesichts der Tatsache, dass ich ein Lied oder einen Text schreiben soll, ist für mich zu einer alltäglichen, professionellen Herausforderung geworden – zum Glück gibt es die Kreativität!

„Und siehe, da war ein Mann, genannt Zachäus, der war ein Oberster der Zöllner und war reich und er begehrte Jesus zu sehen, wer er war …", erzählt der Evangelist Lukas im 19. Kapitel seines Berichtes über das Leben von Jesus im Lukasevangelium.

Ein Mann namens Zachäus aus der Chefetage einer privat organisierten Steuereintreibungsfirma ist reich. Wie die übrigen Steuerbeamten des Römischen Reiches, verdient er seinen Lebensunterhalt unter anderem durch überhöhte Forderungen und Unterschlagung von Geldern und bringt es so zu einem gewissen Wohlstand. Sein Problem: Als von den Römern eingesetzte „Kollaborateure" sind die Zöllner beim jüdischen Volk unbeliebt.

Deshalb ist Zachäus auf der Suche nach seinem Glück. Er sucht nach einem neuen Weg. Sein bisheriger Weg, das Glück über Reichtum und Besitz zu suchen, ist wohl irgendwie gescheitert – offensichtlich ist er nicht besonders glücklich.

Als nun die Botschaft Jericho erreicht, dass Jesus diese Stadt besucht, will er natürlich auch – wie viele andere – diesen Jesus kennenlernen oder zumindest sich einen Eindruck von diesem Mann verschaffen. Aber es gibt ein Hindernis. Martin Luther übersetzt: „Er konnte nicht vor das Volk, denn er war klein von Gestalt."

Die Geschichte von Zachäus ist eine äußerst beliebte Erzählung in vielen Kindergottesdiensten. Das hat mehrere Gründe. Zum einen wird Zachäus als „ein Kleiner" beschrieben, und die Teilnehmer eines Kindergottesdienstes sind klein. Zachäus wird als „unbeliebt" beschrieben, diese Erfahrung von „beliebt" und „unbeliebt" machen auch Kinder. Als „Kleiner" müsste er, um etwas zu sehen, in der erste Reihe stehen, doch er ist unbeliebt „und kann nicht vor das Volk". – Da stellt man sich dann immer die Menschen am Straßenrand vor, die den „bösen Zachäus" einfach nicht durchlassen; er darf nicht mitmachen, nicht mitspielen, er darf nicht dabei sein – das ist gemein. Auch diese Erfahrungen machen Kinder schon früh.

Doch dann kommt etwas Spannendes dazu: Zachäus ist kreativ. „Klein, aber oho!", sagen wir manchmal. Er lässt sich etwas einfallen, wie er trotzdem einen Blick auf diesen Jesus werfen kann. Auch das mögen Kinder, wenn jemand pfiffig ist und eine gute Idee hat – die Pädagogen mögen das auch, dass jemand nicht in einer Krise verharrt, sondern ganz nach dem Motto „Probleme sind dazu da, gelöst zu werden" Einfallsreichtum und Erfindergeist an den Tag legt.

Wie Zachäus: Der hält sich gar nicht lange mit der Menschenmenge auf, die ihn anscheinend mobbt oder zumindest ablehnt, sondern er spekuliert darauf, dass Jesus einen ganz bestimmten Weg durch die Stadt nehmen wird. Er denkt nicht nur voraus, sondern er läuft auch voraus. An dem von ihm vermuteten Weg Jesu entdeckt der klein gewachsene Mann einen Maulbeerbaum. Er klettert hinauf und sichert sich so einen Ort, an dem ihn niemand beiseitedrängen und ihm die Sicht versperren kann.

Schon das ist ein erster Ansatz von Glück: wenn wir nicht verharren im Unglück und im Selbstmitleid, sondern uns klarmachen, dass auch das Scheitern und die Krise zu unserem Leben dazugehören.

Von Goethe stammt das Zitat: „Doch solang du das nicht hast, dieses ‚Stirb und werde', bist du nur ein trüber Gast auf der dunklen Erde!" Will sagen:

Wie Phönix aus der Asche gilt es, immer wieder aufzustehen und die Zukunft neu in den Blick zu nehmen. Aus diesem „Auf und Ab" besteht das Leben. Und dabei hilft uns die Kreativität auf unserem Weg zum glücklicheren Leben: Ich nehme etwas selbst in die Hand, ich überlasse mich nicht meinem Schicksal. Ich werde aktiv und kreativ – und nutze damit die Möglichkeiten, die Gott mir gegeben hat.

Zachäus ist kreativ begabt – und der Einsatz seiner Kreativität wird belohnt, und zwar in einem ungeahnten Ausmaß. Der besondere Erfolg des Zöllners Zachäus besteht ja nicht nur darin, dass er bei der Ankunft Jesu in Jericho über einen exklusiven Logenplatz verfügt und somit Jesus wahrscheinlich besser und länger als alle anderen beobachten kann. Das „Sahnehäubchen" ist ja, dass nun umgekehrt Jesus ihn dort im Baum sitzen sieht und den Kontakt zu ihm aufnimmt: In dem Augenblick, als Jesus zu der Stelle kommt, wo Zachäus auf seinem Ast sitzt, schaut er zu ihm auf.

Was für ein kostbarer Moment: Zu demjenigen, auf den alle herabschauen, schaut Jesus auf. Schaut ihn an. Wie viel Segen, Glück und Heilung liegt schon allein in dieser Geste! Und nicht nur das,

Jesus wendet sich ihm zu. Spricht ihn direkt an – sogar mit seinem Namen!

Was für ein Erfolg, was für ein Geschenk: „Zachäus, steig eilend hernieder, denn ich muss heute in deinem Haus einkehren!"

Das, was sich jeder und jede der vielen Hundert Menschen am Straßenrand wohl innigst wünscht, widerfährt nun ausgerechnet diesem „Widerling". Unter den vielen, vielen Menschen nimmt Jesus diesen einen namentlich wahr und besucht ihn auch noch in seinem Zuhause. „Was für ein Wahnsinn!"

Und: „Was für eine Ungerechtigkeit!"

Es gibt ganz unterschiedliche Reaktionen auf diese Einladung Jesu. Zachäus klettert schnell von seinem Baum und lädt Jesus „mit Freuden" in sein Haus ein. Das ist doch wie ein Lottogewinn für ihn, damit hätte er doch nie und nimmer gerechnet, endlich kann er diesen Jesus richtig kennenlernen und ihm ganz viele Fragen stellen – exklusiv! Welch ein Glück – seine Kreativität wird in einem ungeahnten Ausmaß belohnt.

Aber auch die Reaktion der Umstehenden ist verständlich: „Da sie das sahen, murrten sie alle und sprachen: Bei einem Sünder ist er eingekehrt!" Enttäuschung macht sich breit, Enttäuschung darüber, dass Jesus eben nicht den Frommen und Rechtschaffenen „ehrt", sondern einen, der es in ihren Augen überhaupt nicht verdient hat.

Solcher Neid, solche Missgunst – sie verhindern oft unseren Weg zum Glück. Warum fällt es so schwer, uns mit anderen zu freuen? Warum fragen wir immer gleich: „Warum kommt das Glück nicht zu mir?" Und das, obwohl wir durchaus Grund genug haben, glücklich und zufrieden zu sein.

Neid und Missgunst können Glück verhindern – und können Beziehungen vergiften: Das ahnen wohl Menschen, die plötzlich erfahren, dass sie im Lotto gewonnen haben … und sich ja erst einmal gar nicht melden. Nicht nur, weil sie Angst haben, dass das viele Geld ihr momentan doch gutes, stabiles, ja vielleicht sogar als glücklich erkanntes Leben derart verändern könnte, dass sie nicht mehr glücklich sind. Sondern auch, weil sie fürchten, dass aus Bekannten und Freunden plötzlich Neider und Feinde werden.

Damit Zachäus den eigentlichen Weg zum Glück finden kann, muss Jesus zu ihm kommen. Bei ihm Wohnung nehmen. Dort sein, wo er ist. Das ist heute so wie damals in Jericho.

Da, wo Jesus im Herzen eines Menschen einzieht, verändert sich das Leben, verschieben sich die Perspektiven: Wir wollen dann nicht mehr einfach so weitermachen wie bisher. Weil etwas Neues beginnt, in dem wir unser Leben und unsere Aufgabe hier auf dieser Erde plötzlich in dem großen Zusammenhang des anbrechenden Reiches Gottes sehen und verstehen.

Bei dem bisher so habgierigen und betrügerischen Zachäus erwacht in der Begegnung mit Jesus das soziale Gewissen: „Die Hälfte meiner Güter gebe ich den Armen, und wenn ich jemanden betrogen habe, gebe ich das vierfach zurück!"

Wir können nur ahnen, um wie viel glücklicher Zachäus nach dieser Wende leben kann und darf, wenn Jesus sagt: „Heute ist diesem Haus Heil widerfahren, denn auch er ist Abrahams Sohn!" Jesus erinnert die Einwohner von Jericho daran, dass auch der verachtete Zöllner zur jüdischen Gemeinschaft des Ortes gehört, indem er ihn ausdrücklich als „Sohn Abrahams" bezeichnet. Das neue öffentliche Ansehen und das sich komplett verändernde soziale Verhalten des Zöllners Zachäus sind die Folgen der Begegnung mit Jesus: für Zachäus Tür und Weg in eine ungeahnt glückliche Zukunft.   *CB*

Glück ist ...
... sich nicht zu vergleichen

Der dänische Religionsphilosoph Søren Kierkegaard sagte einmal: „Alle Not kommt aus dem Vergleich." Das ist vielleicht etwas übertrieben. Aber zumindest kommt manche Not aus dem Vergleich. Johannes erzählt uns die Geschichte von einem Mann, der schon 38 Jahre lang krank war und sich mit den andern vergleicht. Die haben es alle besser. Er hat ja keinen Menschen, der sich um ihn kümmert. Die andern sind schneller dran, wenn es darum geht, in den heilenden Teich getragen zu werden (vgl. Joh 5,1-9).

Doch Jesus lässt sich auf sein Jammern über seine schlechteren Lebenschancen nicht ein. Er konfrontiert ihn mit der Kraft, die in ihm ist, und sagt einfach: „Steh auf, nimm dein Bett und geh!"

Hör auf, dich zu vergleichen mit andern. Nimm dein Bett, deine Hemmung, deine Unsicherheit unter den Arm und geh deinen Weg. Du kannst gehen. Aber du musst aufhören, dich zu vergleichen mit andern. Denn es gibt immer andere, die es besser haben. Aber du sollst die andern nicht als Ausrede nehmen, nicht selber aufzustehen und deinen eigenen Weg zu gehen: „Steh auf, nimm dein Bett und geh!" Es geht schon.   AG

13. Wegweiser:
Umkehr

Eifrig und voller Wut macht der junge Pharisäer Saulus sich auf den Weg nach Damaskus. Dort will er die Menschen fesseln und nach Jerusalem bringen, die als Juden dem neuen Glaubensweg folgen, den sie auf Jesus zurückführen. Das stelle man sich vor! Da wagen es doch Juden wie er, diesem Jesus anzuhängen und dafür die heiligen Gesetze Israels zu vernachlässigen oder zumindest lockerer auszulegen! Das kann der eifernde Saulus nicht dulden. Doch auf dem Weg geschieht auf einmal etwas ganz Außerordentliches. Lukas schildert es so: „Unterwegs aber, als er sich bereits Damaskus näherte, geschah es, dass ihn plötzlich ein Licht vom Himmel umstrahlte. Er stürzte zu Boden und hörte, wie eine Stimme zu ihm sagte: ‚Saul, Saul, warum verfolgst du mich?‘ Er antwortete: ‚Wer bist du, Herr?‘ Dieser sagte: ‚Ich bin Jesus, den du verfolgst‘" (Apg 9,3-5). Als Saulus zu Boden stürzt, stürzt auch sein ganzes Weltbild zusammen. Sein bisheriges Bild von Gott und vom Glauben verdunkelt sich. Als sich Saulus vom Bo-

den erhebt und „die Augen öffnet, sieht er nichts"
(Apg 9,8).

Alles, was er bisher als richtig angesehen hat,
wird ihm entrissen. Er blickt nicht mehr durch.

Ein früher Mönch interpretiert die Stelle bei Lukas so: „Als Paulus nichts sah, sah er Gott." Bisher
hat er ein festes Gottesbild. Er weiß, wer Gott ist
und wie wir Menschen seine Gebote befolgen sollen. Doch jetzt weiß er gar nichts mehr. Aber gerade in diesem Nichtwissen wird er offen für den
Gott Jesu Christi, der so anders ist als unsere selbst
gemachten Gottesbilder.

Immer, wenn wir gegen etwas wüten, sind wir
insgeheim auch fasziniert von dem, was wir so aggressiv bekämpfen. Genauso ist es hier bei Paulus.
Er ist streng als Pharisäer erzogen worden. Und er
sagt von sich: „In der Treue zum jüdischen Gesetz
übertraf ich die meisten Altersgenossen in meinem
Volk, und mit dem größten Eifer setzte ich mich für
die Überlieferungen meiner Väter ein" (Gal 1,14).
Doch insgeheim ist er wohl fasziniert von Stepha-
nus, einem hellenistischen Juden, der das Gesetz
ganz anders auslegt, der von Jesus spricht als dem
wahren Messias. Doch gerade als Paulus auf dem
Höhepunkt seiner Aggression angelangt ist, wird
ihm in der Begegnung mit Jesus das bewusst, was

er da bekämpft. Und erkennt in Jesus den, der seine tiefste Sehnsucht nach einem gottgefälligen Leben erfüllt. Er erkennt in der Begegnung mit Jesus, dass nicht unsere treue Gesetzeserfüllung entscheidend ist für unser Heil, sondern die Gnade Gottes. Das Kreuz Jesu wird ihm zum Bild dafür, dass unsere menschlichen Maßstäbe, unser Versuch, durch Leistung das Wohlgefallen Gottes zu verdienen, durchgestrichen, durchkreuzt werden. Und so wird Paulus zum Missionar christlicher Freiheit. Die Freiheit, die er bekämpft hat, wird ihm zum Schlüsselbegriff des Glaubens.

Doch zuvor muss Saulus drei Tage Blindheit aushalten. Er muss es aushalten, dass alles, was er bisher vertreten hat, infrage gestellt wird und sich ihm verdunkelt. Doch dann tritt Hananias auf Geheiß Jesu in das Haus, in dem Saulus wohnt. „Er legte Saulus die Hände auf und sagte: Bruder Saul, der Herr hat mich gesandt, Jesus, der dir auf dem Weg hierher erschienen ist; du sollst wieder sehen und mit dem Heiligen Geist erfüllt werden" (Apg 9,17). Jetzt öffnen sich die Augen des Paulus und er kann wieder klar sehen. Er kann nicht nur den Hananias sehen, der ihn besucht hat, sondern er kann Gott so sehen, wie er wirklich ist. Diese Erfahrung verwandelt den Paulus ganz und gar.

Paulus ist von seinem verkehrten Weg umgekehrt: seine Bekehrung.

Jesus ruft uns im Evangelium immer wieder zur Umkehr und zur Bekehrung auf. Das griechische Wort für Umkehr heißt: „metanoia". Es bedeutet: umdenken, hinter die Dinge schauen, anders denken, neue Gedanken denken. Die Umkehr beginnt also im Denken. Oft denken wir falsch über uns und unser Leben, und wir haben falsche Vorstellungen von Gott. Umkehr heißt zuerst einmal, mit den Augen Jesu auf unser Leben schauen und mit den Augen Jesu auf Gott schauen. Dann werden wir in dem Gott, der diese wunderbare Schöpfung geschaffen hat, auch den barmherzigen Vater erkennen, der für uns sorgt und uns nicht verurteilt, sondern immer wieder umarmt, wenn wir zu ihm umkehren.

Die deutschen Wörter Umkehr und Bekehrung gehen vom Bild des Weges aus. Wir müssen umkehren. Wir können den Weg nicht weiter gehen. Denn er geht in die Irre. Kehre ist die Wendung, die Kurve, die wir machen müssen, um auf den richtigen Weg zu kommen. Das deutsche Wort „bekehren" ist eine Übersetzung des lateinischen „convertere" = umwenden, umkehren. Manche berichten von einer spontanen Bekehrung, die sie erlebt haben, als ihnen ein Wort Gottes auf einmal aufgegangen ist. Oder sie haben sich in einem Gottesdienst bekehrt, der ihr Herz berührt hat. Aber diese spontane Bekehrung führt manchmal zu einem Übereifer. Jetzt denkt man: „Ab heute wird alles anders. Ab heute gibt es keine Probleme mehr. Ich lebe mit Gott. Da ist alles auf einmal ganz leicht."

Doch auch wenn wir umkehren und uns bekehren, gehen wir als die alten Menschen weiter. Wir gehen einen neuen Weg, der uns in neue Bereiche unseres Lebens führt. Aber der, der diesen Weg geht, ist der alte Mensch. Aber es beginnt tatsächliche etwas Neues – ein neuer Prozess. Ein neuer Lebens-Prozess, ja: ein Weg, auf dem ein Mensch sich nach und nach auch innerlich erneuern bzw. erneuert werden kann. Zu Recht heißt es, dass es eines langen Bekehrungsweges bedarf, bis auch unser Herz sich bekehrt hat, bis es gelernt hat, die Gedanken Jesu zu denken und die Wege zu gehen, die Gott uns führen möchte.

Paulus schaut auf seine Bekehrung mit einem dankbaren Blick zurück. Was er erlebt hat, war für ihn eine Befreiung. Sein Leben hat sich verwandelt. Aus dem engen und harten Pharisäer wird ein Apostel der Freiheit. Aber manchmal merkt man dem Paulus noch seine psychische Struktur an, spürt noch etwas von Übereifer und Härte. Es braucht einen langen Weg, auch einen Leidensweg, bis das Herz des Paulus auf dem Weg der Umkehr sich weitet und alle seine Aggression und Härte von Liebe erfüllt, durchdrungen und verwandelt werden. So dürfen auch wir dankbar sein, wenn wir eine Bekehrung erfahren, die uns ähnlich beglückt wie die des Paulus. Aber wie Paulus müssen wir auf diesem Weg der Bekehrung mit neuen Bedrängnissen rechnen. Wir haben uns auf einen Weg gemacht, der eine ständige Bekehrung, ein ständiges Umdenken verlangt. Gleichzeitig dürfen wir vertrauen, dass wir selbst auf diesem Weg verwandelt werden in die einmalige Gestalt hinein, die Gott sich von uns gemacht hat. Und dann ist die Bekehrung der Anfang eines Glückes, das sich immer mehr in uns durchsetzt. *AG*

Glück ist ...
... Treue, Trost, Heimat zu erleben

Paulus nennt Gott den „Gott allen Trostes". Und er sagt von ihm: „Er tröstet uns in all unserer Not, damit auch wir die Kraft haben, alle zu trösten, die in Not sind, durch den Trost, mit dem auch wir von Gott getröstet werden" (2 Kor 1,4).

Wenn wir in Not sind, können wir es nicht ertragen, wenn uns jemand vertröstet, wenn uns jemand mit frommen Worten ein Pflaster auf unsere Not klebt. Trost kommt von Treue, und die meint: Stehvermögen. Wir brauchen jemanden, der zu uns steht, der unsere Not, unsere Trauer, unsere Tränen aushält und bei uns stehen bleibt.

Gott bleibt bei uns. Er schenkt uns Trost. Das lateinische Wort für Trost ist „consolatio", das meint: Gott geht in unsere Einsamkeit hinein. Wir sind nicht allein in unserer Not, in unserer Traurigkeit. Gott ist in Jesus Christus in alle unsere Nöte hineingegangen.

Es gibt nun keine Not, keine Ablehnung, keine Verletzung, keine Isolierung, in die nicht Jesus selbst hineingegangen ist, um bei uns zu sein. Das schenkt uns mitten in der Not nicht nur Trost, sondern auch Geborgenheit und Heimat. Dort, wo Gott als das Geheimnis allen Seins in uns wohnt, können auch wir Heimat erfahren, bei uns selbst daheim sein. AG

14. Wegweiser:
Das Einfache

„Ich dachte, er würde herauskommen, den Namen seines Gottes anrufen, eine große Zeremonie gestalten und mit der Hand über die kranken Stellen fahren. Stattdessen lässt er mir von seinem Diener ausrichten, ich solle siebenmal in irgendeiner Dreckbrühe untertauchen!" Der syrische Hauptmann Naaman ist zutiefst verletzt: „Da hätte ich auch zu Hause bleiben können, da haben wir auch Flüsse, und deren Wasserqualität ist bestimmt besser als die des Jordan." Er ist ein erfolgreicher, stattlicher Mann, der über große Macht verfügt, aber er hat ein Problem – er hat Aussatz. Normalerweise bedeutet diese Diagnose: Verbannung! Menschen, die aussätzig sind, müssen sich von allen anderen fernhalten, so ist es üblich im Land – diese Krankheit ist ansteckend. Nur jemand, der unbedingt gebraucht wird, nur jemand, der reich ist und entsprechende Beziehungen hat, wird in dieser Gesellschaft noch halbwegs geduldet, wird andererseits aber auch überall misstrauisch beäugt und beobachtet. Man kann von diesem Mann sagen: Da ist jemand, der eigentlich allen Grund hätte glücklich zu sein – wenn es nicht eben dieses eine Problem gäbe.

Einer jungen jüdischen Dienerin, die als Kriegsgefangene nach Syrien verschleppt worden ist, tut ihr kranker Dienstherr leid. Und so erwähnt sie irgendwann, dass es in ihrer Heimat einen Propheten gibt, der ihm zu seinem Glück verhelfen und ihn wohl heilen könne.

Ein Hoffnungsschimmer! Der Hauptmann macht sich also auf den Weg zu einem glücklicheren Leben, zu seiner Gesundung. Doch als er endlich zum Haus des Propheten kommt, nimmt dieser sich noch nicht einmal persönlich Zeit für ihn, sondern lässt ihm diese Anweisung einfach nur ausrichten: „Tauche siebenmal im Jordan unter, dann wirst du gesund!"

Das ist Naaman nicht gewohnt. Solch eine Behandlung ist ein Affront, so kann man doch nicht mit ihm umgehen! Dieser Prophet, dieser Elia, weiß offenbar nicht, wen er da vor sich hat! Naaman genießt sonst mindestens Chefarztbehandlung und Einzelzimmer – und nun soll er sich nach einer langen, langen Reise so etwas gefallen lassen? (2 Kön 5).

Ich kann seinen Ärger sehr gut verstehen. Gerade, wenn ich eine schlimme Krankheit habe, gerade, wenn ich ein Riesenproblem zu bewältigen habe, erwarte ich doch etwas mehr Empathie. Und wenn ich dann noch eine weite und beschwerliche Reise auf mich genommen habe und endlich am Ziel angelangt bin, dann möchte ich doch auch irgendwie etwas Besonderes erleben. Ich kann mir das gut vorstellen: Naaman fühlt sich nicht ernst genommen. Soll das alles sein, so eine läppische Anordnung: „Tauche siebenmal im Jordan unter!"? Das kann, das darf doch nicht wahr sein! Ganz klar: Sein Stolz ist verletzt, so lässt er nicht mit sich umspringen. Und beleidigt will er wieder abziehen.

Der kranke Hauptmann muss ein guter Vorgesetzter gewesen sein, denn seine Untergebenen haben den Schneid, ihm zu widersprechen: „Jetzt haben wir schon die weite Reise gemacht, was hast du zu verlieren, Naaman? Hätte der Prophet irgendetwas Großes, etwas Kompliziertes von dir gefordert, du wärst bereitwilligst darauf eingegangen. Du wärst bereit gewesen, vierzig Tage zu fasten, du wärst bereit gewesen, dich einer aufwendigen und schmerzhaften Therapie zu unterziehen, ja, du wärst bereit gewesen, über Scherben und glühende Kohlen zu laufen, wenn er dir das empfohlen hätte. Und nun fordert er wirklich nur etwas absolut Machbares von dir – und du weigerst dich … weil es dir zu einfach erscheint!"

Das ist ein Knackpunkt, warum viele von uns auf dem Weg zum Glück scheitern: Wir sind oft zu kompliziert – das Einfache umzusetzen, fällt uns unendlich schwer.

„Just do it", dieser Satz steht auf meiner Matte, auf der ich regelmäßig meine Dehnübungen mache. Ich habe diese Matte immer dabei, auch wenn ich unterwegs im Hotel bin. Ich merke, wie gut es mir tut, wenn ich dieser einfachen Aufforderung Folge leiste und es einfach tue, einfach die Matte ausrolle und meine Übungen mache. Oft fällt uns das „Einfache" auch deshalb so schwer, weil es einfach ist – aber etwas Zeit braucht und die ganze Aufmerksamkeit. Ein Beispiel: Viele von uns haben Übergewicht und ernähren sich ungesund. Es ist nicht wirklich schwierig, daran etwas zu ändern – aber ich muss mir Zeit nehmen: Es ist nicht schwierig, aber es braucht Zeit, mich zu informieren, um gezielt einzukaufen, es braucht Zeit, Essen zuzubereiten. Stattdessen essen wir lange irgendwas – und machen dann, wenn es „nicht mehr geht", lieber irgendwelche Gewaltkuren, malträtieren unseren Körper mit Tabletten und Medikamenten oder machen ungesund radikale Fastenkuren.

Das Einfache fällt uns schwer. In vieler Hinsicht: Wie schwer fällt es uns, Fehler einzugestehen, wie mühsam kämpfen wir mit dem Satz „Es tut mir leid!".

Und wir finden reichlich Gründe, warum wir in unserer Trotzhaltung verharren. Oft ist es unser Stolz, der uns wie den Hauptmann Naaman daran hindert, das Nächstliegende zu tun, nämlich einen Fehler einzugestehen – und so dem anderen eine Brücke zu bauen, über die er dann gehen kann. Unser Stolz zwingt uns, recht behalten zu wollen.

Wenn zwei, die sich gut kennen, streiten, stellt sich irgendwann die Frage: „Willst du recht behalten oder einen schönen Abend verbringen?" – Wir sind komplizierte Menschen, das Einfache fällt uns so schwer.

Jesus greift diesen wichtigen Gedanken an anderer Stelle nochmals auf. Mitten in ein Streitgespräch mit Gelehrten hinein ruft er ein Kind herbei, stellt es in die Mitte und sagt: „Wenn ihr nicht zu einer Ursprünglichkeit zurückfindet, wie Kinder sie haben, werdet ihr niemals verstehen, was es heißt, ein Kind Gottes zu sein!" Kinder sind erst einmal nicht kompliziert, sie sind offen, spontan und lieben das Einfache. Bis zu einem gewissen Alter verstehen sie auch keine Ironie. Für Kinder ist ein Ja ein Ja und ein Nein ein Nein. Und wenn ich versuche, mich aus einer Zusage herauszuwinden, kommt ganz schnell der Satz: „Aber du hast es doch versprochen!" Dieses Ursprüngliche, dieser Mut zum Klaren und Einfachen ist ein Schlüssel zu Glück.

Zum Glück hat Naaman offenbar echte Freunde in seiner unmittelbaren Umgebung. Menschen, die ihn darin bestärken, umzukehren und das Einfache zu tun. Nur so kann Naaman seinen Weg auch zum Glück der Gesundung finden: indem er der Anweisung des Propheten vertraut, sich zum Jordan begibt, von seinem Pferd absteigt und siebenmal dort im Wasser untertaucht. So kann das Wunder Gottes geschehen: Seine Haut wird wieder „wie die eines Knaben" und er ist vom Aussatz geheilt.

Wie bei Naaman gibt es auch bei uns oft etwas, was wir tun können. Wenn wir uns wünschen, dass Gott in unserem Leben handelt, dann gibt es oft etwas, was wir einfach tun müssen. Und solange wir „das Einfache" nicht tun, solange wir der Anweisung Gottes nicht folgen, kann auch keine Veränderung, kann auch kein Wunder geschehen. Das „Einfache" ist nämlich oft deshalb nicht einfach, weil wir vielleicht wie Naaman über unseren Schatten springen und unseren Stolz überwinden müssen. Wie einfach wäre es, zum Telefon zu greifen und einen längst überfälligen Anruf zu tätigen.

Wie einfach wäre es, rüber zum Nachbarn zu gehen, zu klingeln und zu sagen: „Ich wünsche mir, dass wir wieder gute Nachbarn sind. Was kann ich tun, um unser Verhältnis zu verbessern?" Einfach, aber mitunter sehr schwer. Aber ich schätze, solange wir diese Bereitschaft zum Einfachen, zum Nächstliegenden nicht haben, ändert sich auch nichts, finden wir auch nicht unser Glück. *CB*

15. Wegweiser:
Liebe

Der Evangelist Johannes erzählt uns eine wunderbare Weggeschichte. Am Ostermorgen ging Maria von Magdala frühmorgens, als es dunkel war, zum Grab, um den zu suchen, den ihre Seele liebte. Johannes hat diese Weggeschichte bewusst vor dem Hintergrund des Hoheliedes beschrieben. Im Hohelied macht sich die Braut auf, um den zu suchen, den ihre Seele liebt (Hld 3,1). Und wie die Braut im Hohelied, so findet auch Maria von Magdala den nicht, den ihre Seele so sehr liebte. Aber sie sieht das Grab leer. Und da läuft sie schnell zurück zu Simon Petrus und dem Jünger, den Jesus liebte, und sagt ihnen: „Man hat den Herrn aus dem Grab weggenommen, und wir wissen nicht, wohin man ihn gelegt hat" (Joh 20,2).

Aus der Weggeschichte wird eine Wettlaufgeschichte. Simon und der andere Jünger laufen um die Wette, wer da als Erster ans Grab kommt. Der andere Jünger ist schneller als Petrus. „Er beugte sich vor und sah die Leinenbinden liegen, ging aber nicht hinein" (Joh 20,5). Er lässt dem älteren Petrus den Vortritt. Der tritt ins Grab hinein, sieht das Grab leer und die Leinenbinden daliegen. Aber er versteht gar nichts. Jetzt erst tritt der andere Jünger ins Grab. „Er sah und glaubte" (Joh 20,8).

Der Wettlauf am Morgen hat zu zwei unterschiedlichen Erfahrungen geführt: den einen zum Unverständnis, den andern zum Glauben. Es kommt immer darauf an, mit welcher Haltung ich meinen Weg gehe oder laufe. Das Laufen allein führt nicht zum Ziel. Es braucht die Einsicht, den Glauben, der am Ziel des Weges erkennt, warum wir unseren Weg gehen. Wir gehen unseren Weg, weil einer den Weg vorangegangen ist, weil einer auf diesem Weg das Ziel erreicht hat: die Auferstehung, das ewige Leben, das Leben bei Gott.

Maria ist den Weg gegangen und dann zurückgelaufen und wieder gegangen, weil sie den, den ihre Seele suchte, liebte. Es war ein Weg der Liebe. Von Anfang an ist sie aus Liebe gegangen. Und dieser Liebesweg hat sie wirklich ans Ziel gebracht. Zwar muss sie am Ziel ihres Weges erst noch einiges lernen. Sie beugt sich weinend in die Grabkammer. Sie ist so fixiert, den Leichnam des geliebten Herrn zu suchen, dass sie gar nichts versteht. Sie versteht nicht, dass dieser Leib nicht von irgendjemandem weggenommen wurde, sondern dass er auferstan-

den ist. Das lernt sie erst, als sie sich zweimal um-
wendet. Sie wendet sich vom Grab und von den
Engeln um und sieht Jesus. Aber sie erkennt ihn
nicht. Sie meint, er sei der Gärtner. Als Jesus sie mit
ihrem Namen „Maria" anspricht, wendet sie sich
nochmals um. Sie muss sich ganz und gar wandeln,
um die eigene Achse drehen. Sie muss ihre ganze
Sichtweise verwandeln, damit sie den erkennt, den
ihre Seele liebt. Und sie antwortet auf die Anrede
Jesu mit dem persönlichen Wort „Rabbuni", das
bedeutet „mein Meister". Der Auferstandene ist ihr
persönlicher Meister. Sie umarmt ihn und möchte
ihn festhalten vor lauter Freude, den zu sehen und
zu spüren, der ihr das Leben gerettet hat und den sie
daher so sehr liebte, als den liebte, dem sie ihr Leben
verdankte. Doch Jesus sagt ihr: „Halte mich nicht
fest; denn ich bin noch nicht zum Vater hinaufge-
gangen" (Joh 20,17). Maria muss lernen, den, den
ihre Seele liebt, loszulassen, ihn zu Gott aufsteigen
zu lassen. Maria wendet sich nicht nur zweimal um.
Auch ihre Liebe wandelt sich. Sie wandelt sich von
einer festhaltenden in eine loslassende Liebe, von einer umklammernden in eine berührende Liebe.

Nach Liebe sehnen wir uns alle. Und wir alle haben schon Liebe erfahren. Wir haben die Liebe
erfahren, die die Eltern uns geschenkt haben. Wir

haben die Liebe von Freunden und Freundinnen erfahren. Und wir haben die Liebe des Ehepartners erfahren, der sich für immer für uns entschieden hat, weil er uns liebt. Aber unsere Liebe muss sich wandeln.

Wir müssen Wege gehen, damit unsere Liebe wahrhaft gelingt. Unsere Liebe ist oft vermischt mit Zweifeln, mit Neid, mit Eifersucht, mit Enttäuschungen, mit Verletzungen, mit Aggressionen und mit Besitzansprüchen. Diese Liebe muss sich wandeln in eine reine Liebe. Und die reine Liebe zeigt sich, indem wir den andern mit dem intimen Wort ansprechen: „Meine geliebte Frau, mein geliebter Mann". Der Geliebte gehört uns. Und zugleich müssen wir ihn loslassen. Er gehört auch Gott. Wir können ihn nicht festhalten. Die Liebe muss lernen, den andern freizulassen, ihn ganz er selbst sein zu lassen. Nur dann wird unsere Liebe gelingen.

Jeder von uns sehnt sich danach, zu lieben und geliebt zu werden. Wir erwarten von der Liebe das Glück unseres Lebens. Und oft genug dürfen wir in der Liebe eine beglückende Erfahrung machen. Aber wir machen in unserer Liebe immer beide Erfahrungen: Erfüllung und Enttäuschung, Verzauberung und Verletzung, Glück und Unglück. Das

Ziel unserer Liebeswege ist nicht, dass wir den finden, der uns so liebt, dass wir für immer satt sind. Das Ziel unserer Liebeswege ist vielmehr, dass wir selbst Liebe sind. Eine Frau erzählte mir, dass sie diese Erfahrung bei einer Meditation gemacht hat. Da fühlte sie sich ganz und gar von Liebe erfüllt. Sie war zur Liebe geworden. Diese Liebe strömte nicht zu einem bestimmten Menschen, sondern zu allen Menschen, sie strömte in ihr Zimmer, zu den Dingen und Pflanzen, in die Natur hinaus. Das ist das Ziel unserer Erfahrungen von Liebe, dass wir Liebe werden, dass die Liebe einfach von uns ausstrahlt.

Jesus als der Auferstandene ist reine Liebe geworden. In seiner Gegenwart fühlt sich Maria von Magdala ganz und gar geliebt. Und Maria lernt auf ihrem Liebesweg, dass sie nicht nur lieben kann, sondern dass sie in der Begegnung mit dem Auferstandenen selbst zur Liebe wird. Sie wird so von Liebe erfüllt, dass jeder, der sie sieht, diese Liebe in ihr wahrnimmt. Das ist das Ziel unserer Liebeswege, dass wir selbst Liebe sind, dass wir so von Liebe durchströmt sind, dass diese Liebe durch alles, was wir sind, was wir sprechen, was wir tun, ausstrahlt zu den Menschen und die Menschen in ihrem Innern mit Liebe erfüllt.

Ich erlebe so viele Menschen, die ständig darüber jammern, dass sie einen Menschen lieben, der ihre Liebe aber nicht erwidert. Ich versuche diesen Menschen klarzumachen, dass die Liebe, die sie zum andern spüren, ihr eigenes Gefühl ist und dass diese Liebe ihnen gehört. Diese Liebe kann ihnen niemand nehmen. Sie strömt in ihnen, auch wenn sie von außen nicht erwidert wird.

Die Weggeschichte der Liebe, die uns Johannes von Maria von Magdala erzählt, will uns Mut machen, auch die Liebe, die nicht erwidert wird, in eine Liebe zu verwandeln, die einfach da ist, die auf dem Grund unserer Seele strömt und unser Leben durchdringt und versüßt. Wenn uns das gelingt, dann sind wir nicht mehr todunglücklich, wenn unsere Liebe von dem geliebten Menschen nicht erwidert wird. Wir wenden uns der Liebe zu, die auf dem Grund unserer Seele in uns strömt. Und diese Erfahrung führt zu einem inneren Glück, auch wenn uns das äußere Glück des Geliebtwerdens von einem bestimmten Menschen nicht erfüllt wird. *AG*

Glück ist ...

... mit der Quelle der Liebe
in Berührung zu kommen

Liebe macht glücklich. Aber es gibt auch unglücklich Liebende. Jeder Mensch sehnt sich danach, zu lieben und geliebt zu werden. Und auf diesem Weg der Liebe machen wir Erfahrungen der Erfüllung und der Enttäuschung, der Verzauberung und der Verletzung. Das Ziel unserer Erfahrungen von Liebe ist, dass wir Liebe sind, dass wir die Quelle der Liebe spüren, die auf dem Grund unserer Seele strömt. Wenn wir mit dieser Liebe in Berührung sind, dann sind wir glücklich. Maria von Magdala ist die große Liebende. Sie liebt Jesus mehr als alle anderen Männer und Frauen in seiner Umgebung. Sie ist deshalb todunglücklich, als Jesus gestorben ist. Nach dem Sabbat steht sie schon ganz früh auf, um den zu suchen, den ihre Seele liebt. Aber sie findet ihn nicht. Das Grab ist leer. Doch da spricht Jesus sie selbst an: „Maria." Und sie antwortet: „Rabbuni, mein Meister." In diesem Wort spürt sie, dass die Liebe stärker ist als der Tod. Der Tod kann ihre Liebe nicht zerstören. Diese Gewissheit, dass unsere Liebe den Tod überdauert, dass der Tod die Liebenden nicht zu trennen vermag, erfüllt uns mit einem tiefen inneren Glück. Das Wertvollste, das unser Leben verklärt,

kann uns nicht genommen werden. Denn die Liebe
hat teil an Gott selbst, der Liebe ist (vgl. 1 Joh 4,16).
AG

16. Wegweiser:
Auferstehung

Manchmal beginnen unsere Wege mit Traurigkeit und Enttäuschung. Wir haben uns Vorstellungen gemacht, wie unser Leben aussehen soll. Doch dann kommt es ganz anders. Dann gehen wir bedrückt weiter, ohne Kraft, ohne Perspektive. So einen Weg gehen die beiden Emmausjünger, von denen uns der Evangelist Lukas erzählt. Sie hatten alle Hoffnung auf Jesus gesetzt. Der hatte so stark gepredigt. Ihm trauten sie zu, dass er sie in eine neue Freiheit hineinführt, dass sie in seiner Nähe ihr Leben gut leben könnten. Denn von ihm gingen Hoffnung und Zuversicht aus. Doch dieser Jesus ist jämmerlich gestorben. Er wurde von den Römern ans Kreuz geschlagen. Die Hohepriester, die höchsten Repräsentanten der jüdischen Religion, hatten ihn den Römern ausgeliefert. Die offizielle Religionsgemeinschaft hatte ihn ausgeschlossen. Und all seine Versprechungen scheinen nun ins Leere zu gehen. Denn wenn dieser wunderbare Rabbi von allen verlassen als Verbrecher am Kreuz stirbt, dann stirbt alle Hoffnung auf ein besseres und glücklicheres Leben, so scheint es.

Aber immerhin sprechen die beiden traurigen Jünger unterwegs noch miteinander. Sie drücken ihre Traurigkeit aus. Sie unterhalten sich über all die Ereignisse. Sie versuchen, das Geschehene zu verstehen. Aber sie verstehen nichts. Da kommt Jesus selbst zu ihnen. Aber sie erkennen ihn nicht. Weil sie miteinander sprechen, kann er sich in ihr Gespräch einschalten. Er hört ihnen zuerst lange zu. Dann stellt er ihnen Fragen, damit sie nochmals genauer erklären, was sie eigentlich meinen. Und dann versucht er ihnen eine neue Deutung des Geschehenen zu geben. Das Geschehene ist kein Scheitern. Dieser Rabbi Jesus ist nicht von Gott und von den Menschen verlassen worden. Vielmehr hat er das erfüllt, was die Heiligen Schriften vom Messias sagen. Jesus erklärt ihnen, dass der Messias all das leiden musste, um so einzugehen in seine Herrlichkeit (Lk 24,26). Die Jünger verstehen zwar nicht, was Jesus wirklich sagen möchte. Aber sie spüren eine Nähe zu diesem Menschen. Sie unterhalten sich gerne mit ihm. Sie spüren, dass von diesem Mann Hoffnung ausgeht, dass er ihnen langsam die Augen öffnen könnte, damit sie klarer erkennen, was wirklich geschehen ist.

Daher bitten sie ihn, dass er bei ihnen bleiben solle, als sie an ihrem Ziel angekommen sind. Jesus wollte weitergehen. Doch sie möchten ihn nicht loslassen. Sie spüren eine eigenartige Nähe und Vertrautheit. Da ist jemand, der ihr Herz anrührt mit seinen Worten. Später werden sie sagen: „Brannte nicht unser Herz in der Brust, als er unterwegs mit uns sprach?" (Lk 24,32). Jesus geht mit ihnen in ihr Haus und setzt sich mit ihnen an den Tisch. Doch dann geschieht das Eigenartige. Der Gast selbst nimmt das Brot in die Hand und bricht es auseinander. Dazu spricht er einen Lobpreis. Er dankt Gott für alles, was er an den Menschen Gutes getan hat und tut.

Da gehen ihnen auf einmal die Augen auf. Sie erkennen Jesus in diesem Mann. Sie erinnern sich daran, wie er vor seinem Leiden für sie das Brot gebrochen und es ihnen weitergereicht hatte mit den Worten: „Nehmt und esst, das ist mein Leib, der für euch hingegeben wird." Die Jünger erkennen, dass Jesus lebt, dass er nicht im Tod geblieben ist. Doch kaum erkennen sie Jesus, ist er auch schon wieder weg. Er ist nicht mehr zu sehen. Sie können ihn nicht festhalten. Aber diese Erfahrung bringt die bedrückten und traurigen Jünger wieder in Bewegung. Voller Freude und Lebendigkeit und Kraft brechen sie auf und kehren nach Jerusalem zurück. Sie wollen den Jüngern erzählen, was sie erlebt haben und dass sie Jesus erkannt und verstanden hatten, dass er auferstanden und nicht gescheitert ist. Sein Tod war keine Niederlage, sondern ein Sieg. Jesus ist durch den Tod hindurchgegangen. Er hat ihn besiegt.

Diese Erkenntnis erfüllt die Jünger mit großer Freude. Sie wissen auf einmal: Es lohnt sich, den Worten Jesu zu trauen. Sie sind keine leeren Worte. Und sie haben auf einmal die Angst vor dem Tod verloren.

Der Tod ist nicht das Aus. Er ist vielmehr nur der Durchgang in die Herrlichkeit. Auch uns erwartet im Tod die Herrlichkeit, die Gott uns schenken möchte. Diese Erfahrung, die die Jünger mit Jesus dem Auferstandenen machen durften, schenkt den Jüngern ein Glück, das auch durch den Tod nicht infrage gestellt werden kann. Der Tod ist ja für viele Menschen der Gegner allen Glücks. Was nützt es, alles Mögliche anzuhäufen und zu verdienen, wenn ich alles im Tod verliere? Was nützt es mir, wenn ich möglichst viele schöne Erfahrungen mache, die aber alle im Tod untergehen werden? Der Augenblick des Glücks vergeht im Nu. Und es bleibt dann nichts übrig. Doch die Erfahrung, die die Emmausjünger mit Jesus machen, zeigt ihnen: Alles, was wir hier auf Erden an Schönem erleben, das wird im Tod in Gott hineingerettet. Und wenn uns manches Leid widerfährt, dann hat das Leid keine letzte Macht über uns. Auch das Leid ist dann nur der Durchgang zur Herrlichkeit. Diese Erkenntnis nimmt dem Leid seine bedrückende Macht.

Das Leid zerbricht uns nicht mehr, sondern es zerbricht nur die Vorstellungen, die wir uns vom Leben und von uns selbst gemacht haben. Das Leid, so hat es ihnen Jesus erklärt, möchte sie aufbrechen für die Herrlichkeit, die Gott ihnen bereitet hat. Diese Herrlichkeit erwartet sie aber nicht erst im Tod, sondern jetzt schon. Jetzt schon möchte das Leid uns aufbrechen für die wahre Gestalt, für die Schönheit, für die Herrlichkeit, die Gott uns zugedacht hat.

Wir machen uns Bilder von uns selbst, wie wir sein sollten. Doch oft genug engen uns diese Bilder ein. Und sie widersprechen unserem wahren Wesen. Gott hat sich von jedem von uns ein einmaliges Bild gemacht. Wenn wir diesem einmaligen Bild entsprechen, dann sind wir im Einklang mit uns selbst, dann sind wir glücklich. Das Leid will uns aufbrechen für dieses einmalige Bild Gottes in uns. Der Tod wird dieses einmalige Bild nicht zerbrechen, sondern es in seiner unverfälschten

Herrlichkeit und seinem ursprünglichen Glanz aufleuchten lassen.

Mit dieser Sichtweise verwandelt Jesus den Blick der Emmausjünger und zugleich ihre Stimmung. Die bedrückten Jünger kommen mit sich in Berührung. Ihr Herz wird angerührt. Und sie finden die Lust, sich erneut auf den Weg zu machen, genau dorthin, von wo sie geflohen sind. Jetzt haben sie die Kraft, auch dort, woher sie kommen, ihr Leben in einem neuen Licht zu sehen und bewältigen.

Es ist eine wunderbare Geschichte, die uns Lukas mit den Emmausjüngern erzählt. Allein wenn wir diese Geschichte hören, wird in uns etwas verwandelt. Unsere Traurigkeit wandelt sich in Freude, unsere Verzweiflung in Hoffnung, unsere Kälte in Wärme, unsere Blindheit in eine klare Sicht. Lukas gilt in der Tradition als Arzt und Maler. Er hat die Fähigkeit, so zu schreiben, dass ein schönes Bild entsteht. Und dieses schöne Bild anzuschauen, tut uns schon gut. Schönheit ist immer auch etwas Heilendes und Erfreuendes. Und Lukas kann so schreiben, dass seine Worte eine heilende Wirkung haben. Die Erzählung von den Emmausjüngern wirkt heilsam auf uns. Mitten in unserer Bedrücktheit keimt auf einmal Freude auf. Mitten in unserem Fremdsein in dieser Welt entsteht auf einmal ein Gefühl von Heimat. Es ist ein wunderbares Wort: „Bleib doch bei uns; denn es wird bald Abend, der Tag hat sich schon geneigt. Da ging er mit hinein, um bei ihnen zu bleiben" (Lk 24,29). Solche Worte haben eine heilende Wirkung auf uns, wenn es in unserem Herzen dunkel geworden ist oder wenn wir uns am Abend unseres Lebens fühlen. Dann entsteht mitten am dunklen Abend Heimat. Wir fühlen uns daheim, weil Jesus mit uns hineingegangen ist in unser Haus, weil er jetzt dort ist, wo auch wir sind. *AG*

17. Wegweiser:
Bücher

Hörbücher sind etwas Feines. Wenn wir uns mit dem Auto auf eine lange Reise begeben, dann haben wir immer ein bis zwei gute Hörbücher dabei, denn sie verkürzen die gefühlte Zeit, die man im Auto sitzen muss, ungemein. Außerdem mag ich an Hörbüchern, dass ich mich weiterbilden und Bücher „lesen" bzw. hören kann, die ich mir schon immer mal zu Gemüte führen wollte. Für Bücher braucht man Zeit. Und diese Zeit haben wir so richtig „am Stück" entweder im Urlaub oder eben im Auto, wenn wir eine lange Strecke vor uns haben. Und wenn es sich dabei um einen besonders spannenden Krimi oder Thriller handelt, dann vergeht die Zeit wie im Flug. Einmal war ich mit meinen beiden Musikern nach einem Konzert unterwegs von Hamburg zu meinem Heimatort in Südhessen. Wir hatten gut fünf Stunden Fahrt vor uns und wir legten das Hörbuch „Die Kinder von Eden" von Ken Follett ein. Auf einmal fanden wir die Erzählung so spannend, dass wir nach fünf Stunden Fahrt im Pkw die letzten zwanzig Minu-

ten vor unserem Haus im Auto sitzen blieben …
nur um einen Abschnitt zu Ende zu hören. Einer
der Kollegen meinte sogar: „Können wir nicht
noch ein bisschen fahren und die CD ganz zu Ende
hören …?" – Tja, zum Glück gibt es Wege!

Bücher sind innerliche Lotsen, sie vermitteln
uns Neues oder lassen uns in andere Welten ein-
tauchen und lenken uns ab, wenn Zeit zu überbrü-
cken ist. Und manchmal führen sie uns eben auf
neue Wege. Es ist beglückend, in ein gutes Buch
einzutauchen, und wenn wir dann gepackt und ge-
fesselt werden von einer Geschichte, dass wir gar
nicht mehr aufhören wollen zu lesen, so ist das eine
wirklich beglückende Erfahrung.

So ging und geht es Reisenden zu allen Zeiten.
Die Apostelgeschichte berichtet uns von einem
Mann, der in seinem Wagen mit Chauffeur auf
dem Nachhauseweg ist. Die Rede ist vom Finanz-
chef des äthiopischen Königshauses. Er ist als Pil-
ger nach Jerusalem gekommen und nun wieder
auf dem Weg in seine Heimat. Und da sein Weg
ziemlich lang und über weite Strecken öde und
langweilig ist, tut er genau das, was wir auch auf
langen Fahrten tun, er führt sich ein Buch zu Gemüte. Es ist wohl eher eine Schriftrolle, die er auf
einem der Basare Jerusalems erstanden hat, und es

handelt sich dabei um Aufzeichnungen des Propheten Jesaja.

Der Reisende ist so vertieft in seine Lektüre, dass er gar nicht merkt, dass sich ein Fremder zu ihm gesellt. Dieser Fremde heißt Philippus. Er läuft eine Zeit lang neben dem langsam fahrenden Wagen des äthiopischen Schatzmeisters her und beobachtet ihn, wie er einerseits völlig vertieft ist in die Worte des Propheten, andererseits aber wohl nur wenig versteht von dem, was er da vor sich hat. Offensichtlich hat sich der Mann laut vorgelesen, denn Philippus hört, dass es sich um Texte von Jesaja handelt. Nach einiger Zeit fragt Philippus nach: „Was liest du? Verstehst du, was du da liest?"

Das ist eine Frage, die auch in unserem Freundeskreis des Öfteren auftaucht: „Sag mal, was liest du gerade? Womit beschäftigst du dich gerade?" Und dann kommen wir ins Gespräch und erzählen einander von den Büchern, die wir gerade lesen oder in letzter Zeit gelesen haben – und das ist immer spannend. Wir merken jedes Mal: Zum Glück gibt es Bücher. Bücher entführen uns in eine andere Welt, helfen uns abzuschalten und lenken uns weg vom alltäglichen Trott hin zu einer wundersamen Gedankenreise – und manchmal sogar zu ganz neuen Erkenntnissen.

„Verstehst du denn auch, was du da liest?", fragt Philippus nun den Reisenden, und der schaut auf und antwortet: „Wie soll ich diese alten Texte verstehen, wenn mir niemand dabei hilft?" Er ahnt wohl, dass ihm sein Gegenüber vielleicht helfen kann, denn er lädt ihn ein, in die Kutsche zu steigen und eine Zeit lang mit ihm zu reisen.

„Hier zum Beispiel steht (Jes 53,7-8): ‚Wie ein Schaf, das zur Schlachtbank geführt wird, und wie ein Lamm, das vor seinem Scherer verstummt, so tut er seinen Mund nicht auf. In seiner Erniedrigung wurde sein Urteil aufgehoben. Wer kann seine Nachkommen aufzählen? Denn sein Leben wird von der Erde weggenommen' – Von wem ist da bitte die Rede? Ich verstehe das nicht."

Zum Glück gibt es diese Wege, auf denen wir Zeit haben, ins Gespräch zu kommen. Und manchmal lesen wir etwas, bei dem wir den Eindruck haben: Das verstehe ich nicht so ganz. Dann erzählen wir davon, kommen tiefer ins Gespräch und erklären es einander.

So ähnlich ist auch diese Situation, denn Philippus deutet dem Schatzmeister nun diesen Teil der Schriftrolle als prophetischen Hinweis auf den gekreuzigten und auferstandenen Christus.

Philippus erklärt: „Der Tod, das Leid und der Schmerz haben nicht das letzte Wort. Jesus ist gestorben – wie das Schaf auf der Schlachtbank. Aber er ist auferstanden. In seiner Erniedrigung ist unser Todesurteil aufgehoben – und diese Botschaft von Jesus geht nun wie ein Lauffeuer um die Erde. Und die Zahl derer, die tagtäglich zum Glauben kommen, ist immens. Um an dieser neuen Wirklichkeit teilzuhaben, um zu verstehen, wovon dieser alte Text des Propheten Jesaja spricht, musst du dich taufen lassen, musst du hineintauchen in die Christuswirklichkeit des Auferstandenen. Im Untertauchen sterben wir symbolisch mit Jesus – und mit dem Auftauchen auferstehen wir in die Christuswirklichkeit im Hier und Jetzt. Der Getaufte ist ein neuer Mensch, für ihn beginnt mit der Taufe ein neues Leben: Seine Schuld ist ihm vergeben und er ist neu hineingeboren in den Freiraum der Liebe Gottes!"

Und während Philippus seinem fragenden Gegenüber die Schrift erklärt, kommen sie an einer Wasserstelle vorbei.

Zum Glück gibt es Wege, denn ohne die gemeinsame Wegstrecke wären Philippus und der Schatzmeister nicht an dieser Wasserstelle vorbeigekommen. Und so geschieht es: Der Kämmerer, ganz gepackt und ergriffen von der Botschaft des Evangeliums, unterbricht seinen Weggefährten: „Schau mal, da ist Wasser. Warum soll ich mich hier nicht gleich taufen lassen?"

Darauf erwidert Philippus: „Das kann nur geschehen, wenn du wirklich verstanden hast, worum es geht, und wenn du bereit bist, die Botschaft Jesu für dich anzunehmen und zu glauben!"

Ohne Zögern antwortet der Kämmerer voll Freude: „Ja. Ich glaube, dass Jesus der Sohn Gottes ist!"

Da halten die beiden Männer an, steigen aus dem Wagen und der äthiopische Schatzmeister lässt sich von Philippus taufen.

Zum Glück gibt es Bücher, die uns innerlich an die Hand nehmen und auf ganz neue Wege führen. Zum Glück gibt es das Buch der Bücher, das uns hinführt zu Jesus, der uns heilen und erneuern kann. *CB*

18. Wegweiser:
Gelingendes Gespräch

Manche sind auf ihrem Weg verstummt. Sie haben sich auf dem Weg immer wieder zu Wort gemeldet. Doch ihre Worte verhallten im Niemandsland. Niemand hat sie gehört. Niemand hat hingehört. Vielleicht aus dem Vorurteil heraus: Der oder die sagt sowieso nur Unsinn. Der hat nichts zu sagen. Auf die braucht man nicht zu hören.

Manche sind auf ihrem gemeinsamen Eheweg verstummt. Die Frau ist es leid, ihrem Mann zu sagen, wie es ihr geht. Denn es scheint ihn nicht zu interessieren. Sie ist es leid, ihre Bedürfnisse anzumelden. Denn sie werden überhört. Irgendwann hört man dann auf zu sprechen.

Und manche sind auf ihrem Weg auch taub geworden. Sie haben es satt, ständig nur Oberflächliches zu hören. So haben sie ihre Ohren auf Durchzug gestellt. Oder sie haben ihre Ohren verstopft, weil sie immer nur kritisierende und ablehnende und belehrende und verletzende

Worte gehört haben. Mit verstopften Ohren lebt es sich nicht besonders gut. Man ist abgeschnitten von jeder Kommunikation. Aber für manche ist das immer noch besser, als ständig kritisiert oder beschimpft zu werden. So haben sie sich in sich selbst zurückgezogen und leben in ihrer eigenen Welt einigermaßen zufrieden. Es ist zwar ein Leben auf niedrigem Niveau, ohne Begegnung, ohne Gespräch, aber manche ziehen das einem Leben vor, in dem sie ständig mit Worten verletzt werden.

So einem Menschen, der verstummt ist und dessen Ohren verstopft sind, begegnet Jesus, als er von Sidon zum See Genesaret wandert. Er kommt gerade aus Syrien, aus dem Ausland, und wandert um seinen Heimatsee, den See von Galiläa, herum. Da bringen Leute einen gehörlosen Mann zu Jesus mit der Bitte, er möge ihn berühren. Jesus führt diesen Menschen weg von der Menge an einen Ort, an dem er mit ihm allein ist. Wer das Vertrauen in das Sprechen und Hören verlernt hat, der braucht einen Raum des Vertrauens, des Schutzes und der Intimität, um wieder neu sprechen und hören zu lernen. Man kann keinem, der verstummt ist, befehlen, er solle doch endlich anfangen zu sprechen. Das würde ihn überfordern und ihm Angst machen. Jesus schafft eine Atmosphäre des Vertrauens, in der Heilung geschehen kann.

Dann beginnt er den Verstummten in fünf Schritten zu heilen. Der erste Schritt ist: Er legt ihm die Finger in die Ohren. Er will ihm sagen: „Bei allen Worten, die du hörst, will jemand mit dir in Kontakt treten. Er möchte eine Beziehung zu dir eingehen. Öffne deine Ohren, damit du wieder fähig wirst zur Begegnung und Beziehung. Selbst in verletzenden Worten kannst du die Sehnsucht des andern heraushören, dass du ihm wichtig bist. Sonst würde er dich nicht verletzen. Sonst würde er dich nicht anbrüllen."

Der zweite Schritt: Jesus berührt die Zunge des Mannes mit Speichel. Das ist eine mütterliche Geste. Wenn ein Kind sich verletzt, nimmt die Mutter etwas Speichel und streicht darüber und sagt: „Es ist schon wieder gut." Jesus geht also mütterlich um mit dem verstummten Menschen. Das Wesen der Mutter ist für mich, dass sie nicht bewertet. Wenn ich die Worte des andern bewerte, wenn ich mich innerlich darüber entrüste oder wenn ich ihm vermittle, dass er unreif ist oder krank oder unmoralisch, dann wird er kein weiteres Wort mehr sagen. Eine Atmosphäre, in der die Worte nicht bewertet werden, in der alles ausgesprochen werden darf, auch die Wut, die Angst, die Rebellion, die Zweifel an Gott, die Ohnmacht über seine Situation, ist die Voraussetzung, dass jemand den Mut findet, wirklich das auszusprechen, was in ihm ist. Ansonsten wird er nur sagen, was der andere erwartet. Aber dann entsteht kein Gespräch.

Von Jesus geht diese Freiheit aus, dass alles angesprochen werden darf, dass nichts bewertet wird, sondern alles erst einmal sein darf. Dann kann man im Gespräch sehen, wie man damit umgeht.

Der dritte Schritt besteht darin, dass Jesus zum Himmel aufblickt. Es ist immer ein Wunder, wenn jemand geheilt wird. Der Arzt, der Therapeut, der Seelsorger kann das machen, was in seiner Macht liegt, was er als sein Handwerkszeug gelernt hat. Aber ob der Mensch wirklich geheilt wird, hängt nicht allein vom Tun des Arztes oder Therapeuten ab. Es ist letztlich immer ein Wunder, das Gott bewirkt. Gott ist der wahre Arzt. Er wirkt durch uns Menschen. Aber wenn er nicht wirkt, ist all unser menschliches Arbeiten umsonst.

Der vierte Schritt: Jesus seufzt. Der Mann vor ihm ist nicht nur unfähig zum Sprechen und Hören. Er hat offensichtlich auch keine Beziehung zu sich selbst und zu seinen Gefühlen. Er hat seine Gefühle hinter einer Fassade des Coolseins versteckt. Er möchte nicht auffallen. Er hat Angst, seine Gefühle zu zeigen. Doch wenn ich mich von meinen Gefühlen abschneide, dann fehlt mir eine wichtige Lebensenergie. Emotionen sind Kräfte, die den Menschen bewegen, die ihn herausbewegen aus der Isolation, hinein in die Begegnung, hinein in das Leben. Jesus drückt gleichsam stellvertretend für den Verstummten seine unterdrückten Gefühle aus, damit der den Mut findet, seine Gefühle wahrzunehmen und sie dann auch zu äußern. Ohne die Gefühle zu zeigen und auszudrücken, gibt es keine Heilung.

Ich habe einmal einen Mann begleitet, der nach außen hin ganz freundlich war. Aber nach einer Stunde Gespräch war ich voller Aggressionen. Ich dachte zuerst, dass dieser Mann mich an Menschen erinnert, die mich verletzt haben. Daher machte er mich aggressiv, meinte ich. In der Supervision erklärte mir aber der Therapeut, dass dieser Mann eine passive Aggression habe. Meine Aggressionen, die ich spürte, deckten seine unterdrückten Aggressionen auf.

Was hilft hier? Indem ich ihm meine Gefühle zeige, ermutige ich den andern, zu seinen Gefühlen zu stehen. Vermutlich hat er Aggressionen immer negativ bewertet. Daher hat er sie verdrängt. Indem ich ihn über meine Aggression informiere, öffne ich ihm die Augen, dass er seine eigenen unterdrückten Aggressionen erkennt und dann lernt, angemessen damit umzugehen.

Der fünfte Schritt nach all diesen vertrauenschaffenden Maßnahmen ist dann das Wort Jesu: „Effata!", das heißt: Öffne dich! (Mk 7,34). Jetzt liegt es auch an dem Gehörlosen, seine Zunge und seine Ohren wieder zu öffnen, wieder ein Wort zu wagen und wieder richtig hinzuhören. Markus erzählt uns: „Sogleich öffneten sich seine Ohren, seine Zunge wurde von ihrer Fessel befreit, und er konnte richtig sprechen" (Mk 7,35). Im Griechischen steht hier: „elalei". Das kommt vom Lallen des Kindes. Es ist ein persönliches Sprechen, das noch nicht durch den inneren Richter in uns zensiert wird. Es ist wie das Sprechen des Kindes, das aus dem Herzen heraus das ausspricht, was es bewegt.

Nur wenn wir sprechen, entsteht ein Gespräch, entsteht das Glück eines Gesprächs. Wenn wir nur reden, über den oder jenen, über dies oder das, dann gibt es nur ein Gerede. Und ein Gerede tut uns nicht gut. Das führt oft zum Unglück. Wir haben den Eindruck, wir werden Opfer eines Geredes. Man redet über uns.

Jesus zeigt uns einen Weg, wie wir als verstummte und taub gewordene Menschen wieder fähig werden zu sprechen und das Glück eines gelingenden Gesprächs erfahren dürfen. Der Weg hat fünf Schritte. Wir müssen den Weg mit Jesus gehen. Jesus ist nicht der Zauberer, der auf Knopfdruck unsere Probleme löst und unsere Krankheiten heilt. Er ist der Arzt, der uns auf einen Heilungsweg mitnimmt. Auf diesem Weg ist Jesus der eigentlich Handelnde. Aber wir müssen uns einlassen auf das, was Jesus mit uns tut. Die Heilung geschieht bei Jesus immer in der Begegnung.

Das bedeutet aber auch, dass wir nicht nur Jesus begegnen, sondern auch uns selbst und unserer eigenen Wahrheit. Nur wenn wir unsere Wahrheit – hier ist es die Wahrheit des in sich verschlossenen und isolierten Menschen – Jesus hinhalten, kann er uns mit seinen Worten und mit seinen Händen so berühren, dass Heilung geschieht. *AG*

19. Wegweiser:
Seinem Ruf folgen

Der Evangelist Lukas stellt Jesus immer als den göttlichen Wanderer dar. Jesus wandert mit seinen Jüngern durch Galiläa und auch durch das benachbarte Ausland, das heutige Syrien. Auf seinem Weg begegnet Jesus immer wieder Menschen, die von ihm fasziniert sind. Sie wollen ihm nachfolgen. Doch Jesus nimmt nicht jeden mit auf seinen Weg. Er stellt immer auch Forderungen auf. Es sind Forderungen, die uns zu überfordern scheinen. Aber Jesus ist überzeugt, dass nur der, der sich auf seine Forderungen einlässt, ein erfülltes Leben führt.

Jesu Forderungen wollen nicht überfordern, sondern herausfordern, damit wir uns nicht mit billigen Wegen zufriedengeben, sondern Wege gehen, die wirklich zum Glück, zum erfüllten Leben führen.

Dem Ersten, der ganz begeistert Jesus nachfolgen will, wohin er auch gehen mag, antwortet Jesus mit einem griechischen Sprichwort: „Die Füchse haben ihre Höhlen und die Vögel ihre Nester; der Menschensohn aber hat keinen Ort, wo er sein Haupt hinlegen kann" (Lk 9,58). Jesus will dem jungen Mann klarmachen, dass der, der ihm nachfolgt, hier auf Erden keine wirkliche Heimat hat. Er kann sich hier nicht einrichten wie ein Fuchs in seiner Höhle oder ein Vogel in seinem Nest. Der Mensch ist ein Wanderer zwischen den Welten. Er wandert hier auf der Erde. Aber seine Heimat ist jenseits dieser Erde. Seine Heimat ist im Himmel. Nur wer das verstanden hat, hört auf, sich häuslich einzurichten und bequem zu werden. Jesus nachfolgen heißt: sich auf einen Weg machen, der immer weiter geht, der letztlich auf Gott hinführt.

Ein anderer junger Mann, der Jesus nachfolgen will, stellt eine Bedingung: „Lass mich zuerst heimgehen und meinen Vater begraben" (Lk 9,59). Die Bedingung erscheint plausibel. Die Toten zu begraben galt für die Juden als ein Werk der Barmherzigkeit und eine Erfüllung des Gebotes: „Du sollst Vater und Mutter ehren!" Doch Jesu antwortet mit einem zunächst unverständlichen Satz: „Lass die Toten ihre Toten begraben; du aber geh und verkünde das Reich Gottes" (Lk 9,60).

Vielleicht wollte der junge Mann warten mit

der Nachfolge, bis der Vater gestorben ist. Solange der Vater lebt, traut sich der Sohn nicht,
seinen Weg zu gehen. Er traut sich auch nicht,
Jesus nachzufolgen. Denn der Vater könnte etwas
dagegen haben. Doch für Jesus ist die Beziehung
zu Gott wichtiger als die Beziehung zum Vater.
Wenn der junge Mann einen inneren Ruf spürt,
dann soll er ihm folgen, auch wenn der Vater dagegen ist. Entgegen dem inneren Ruf die Erwartungen des Vaters zu erfüllen, das bedeutet für
Jesus: tot sein. Ich lebe nicht wirklich. Ich erfülle
nur die Erwartungen meines Vaters. Jesus macht
uns Mut, der inneren Stimme zu folgen, in der
Gott selbst uns auf einen Weg ruft. Für den einen
ist es der Weg in einen bestimmten Beruf. Für
den andern ist es der Weg, eine Frau zu heiraten,
in die er sich verliebt hat, auch wenn diese Frau
nicht den Erwartungen der Familie entspricht.
Für einen Dritten ist es der Ruf, ins Kloster zu
gehen oder einen missionarischen Auftrag in der
Kirche zu erfüllen.

Der Ruf kann verschieden sein. Aber Jesus will
uns sagen: Jeder Mensch ist einmalig. Jeder Mensch
hat einen Auftrag, eine Sendung, einen Ruf. Und
diesem Ruf muss er folgen, auch wenn die Eltern
sich dagegen sträuben. Natürlich soll er seinen Ruf
genau prüfen. Und er soll auch die Ansicht seiner

Eltern ernst nehmen und prüfen. Aber wenn er die verschiedenen Stimmen in sich geprüft hat und zur Gewissensentscheidung gekommen ist, dass das sein Ruf ist, dann muss er ihm folgen. Sonst wird er nicht glücklich auf seinem Weg.

Eine junge Frau hatte das Autohaus ihres Vaters übernommen. Das war auch ihr Wunsch. Aber als sie es übernommen hatte, stand sie ständig unter dem Druck, die Erwartungen des Vaters zu erfüllen. Sie kam gar nicht in ihre eigene Kraft. Sie verlor alle Lust an ihrer Aufgabe. Das war ein Zeichen, dass sie ihrem eigenen Ruf folgen sollte. Dieser Ruf bestand durchaus darin, das Autohaus zu führen. Aber er bestand auch darin, das Autohaus so zu führen, wie es ihrer Intuition und ihrem Stil entsprach. Die Erwartungen des Vaters raubten ihr alle Energie. Ihre Kraftlosigkeit war ein Hilferuf der Seele: Folge doch deinem Ruf und nicht den Erwartungen des Vaters. Nur dann wirst du in deine Kraft kommen. Nur dann wird dir die Aufgabe Spaß machen. Und irgendwann wird dann auch dein Vater zufrieden sein. Und vor allem: Dann wirst du mit deiner Aufgabe Segen spenden für die Mitarbeiter und für die Menschen in deiner Umgebung.

Ein dritter junger Mann geht auf Jesus zu und sagt ihm: „Ich will dir nachfolgen, Herr. Zuvor aber lass mich von meiner Familie Abschied nehmen" (Lk 9,61). Der Wunsch des jungen Mannes, sich zuerst von seiner Familie zu verabschieden, klingt vernünftig. Das entspricht doch unserem Gespür: Auch wenn ich meinen eigenen Weg gehen soll, will ich doch in einer guten Beziehung zur Familie stehen. Ich will einen schönen Abschied mit meiner Familie feiern. Doch Jesus antwortet auf diesen Wunsch wieder sehr hart: „Keiner, der die Hand an den Pflug gelegt hat und nochmals zurückblickt, taugt für das Reich Gottes" (Lk 9,62).

Mich erinnert das Wort Jesu an das Gespräch mit einem Jugendlichen, der unbedingt Musik studieren wollte. Doch die Eltern sahen das als brotlose Kunst an. Er war wütend auf die Eltern, dass sie ihn nicht verstanden. Ich antwortete ihm im Sinne Jesu: „Du willst deinen eigenen Weg gehen. Das ist der Weg der Musik. Das ist gut so, dass du deinem Ruf folgst. Aber zugleich möchtest du auch, dass alle deinen Weg bewundern und bestätigen. Du willst überall Zustimmung für deinen Weg. Das geht nicht. Wenn du wirklich überzeugt bist, dass Musik deine Berufung ist, dann musst du diesen Weg auch gehen, wenn deine Familie und deine Freunde nicht damit einverstanden sind."

Jesus will uns Mut machen, dem eigenen Ruf zu folgen. Nur wenn wir diesem inneren Ruf folgen, kommen wir in Einklang mit uns selbst, nur dann wird unser Leben in Fluss kommen, nur dann werden wir wirklich glücklich werden.

Wenn wir uns immer nur umschauen, wie die anderen unsern Weg beurteilen, dann verbiegen wir uns, dann passen wir uns den Erwartungen der andern an und werden unglücklich. Wenn wir ständig auf die Reaktionen der andern schauen, dann wird die Furche auf dem Acker unserer Seele krumm. Und der Acker unserer Seele wird nicht die Frucht bringen, die Jesus ihm zugedacht hat. Jesus will uns gerade durch seine konsequenten Antworten herausfordern, den eigenen Weg zu gehen. Denn nur, wenn der Weg dem Innersten unserer Seele, nur wenn er dem Ruf Gottes in unserem Herzen entspricht, führt uns der Weg zu innerem Frieden und Glück. *AG*

Die CD zum Buch!

Mit ausgewählten Texten aus
„Zum Glück gibt es Wege",
verfasst und gesprochen von Anselm Grün und
Liedern von Clemens Bittlinger.

Audio-CD, Laufzeit ca. 75 Minuten
ISBN 978-3-7655-8479-4

BRUNNEN VERLAG GIESSEN
www.brunnen-verlag.de

Gelassen durch die schnelle Zeit

Abschalten, still werden, sich auf die wesentlichen
Dinge konzentrieren.

  Entdecken Sie mit Anselm Grün und Clemens
Bittlinger kleine Oasen der Ruhe inmitten der All-
tagshektik – bei sich selbst und bei dem, der Zeit
und Ewigkeit in seinen Händen hält.

  Entspannen und genießen Sie!

144 Seiten, gebunden
ISBN Buch 978-3-7655-1262-9
ISBN E-Book 978-3-7655-7189-3

BRUNNEN VERLAG GIESSEN
www.brunnen-verlag.de

Hat Ihnen dieses Buch gefallen?
Schreiben Sie's uns auf www.brunnen-verlag.de
Ihre Meinung zählt!